LA SAGESSE MYSTERIEVSE DES ANCIENS.

Ombragee du voile des Fables, appliquees moralement aux secrets de l'Estat, & de la Nature.

Par Messire FRANÇOIS BACON, grand Chancelier d'Angleterre.

De la traduction de I. BAVDOIN.

A PARIS,

Chez FRANÇOIS IVLLIOT, au pied des grands degrez du Palais, au Soleil d'or.

M. DC. XIX.

Auec Priuilege du Roy.

A TRÉS-NOBLE ET

TRÉS-VERTVEVSE DAME,
Catherine de Viuonne Sa-
uelle, femme de haut & puiſ-
ſant Seigneur Meſſire Char-
les d'Angennes, Marquis de
Rambouillet, & de Piſany,
Vidame du Mans, Baron du
Chaſteauduloir & de Talle-
mont, Consʳ du Roy en ſon
Conſeil d'Eſtat, & Mᵉ de la
Garderobbe de ſa Majeſté.

MADAME

Comme les
offⁱⁿdes que
les Egyptiens faiſoient

à leurs Dieux, principa-
lement au Soleil, estoient
toutes semées de Hye-
rogliphes, ou de lettres
Mystiques : ainsi ie puis
bien dire, qu'vn voile
subtil d'Enigmes & de
figures comme les diuersi-
tez de ce liure. Ie vous le
dedie, MADAME, com-
me au Soleil des Muses
Françoises, telles œuures
vous estant instement
deuës, puis qu'il n'est
rien de si obscur dans les
Autheurs, dont vous ne
soyez esclaircie, tant par

l'inclinatiõ naturelle que
vous auez aux lettres,
que par la lecture des liures, qui vous fert d'or-
dinaire entretien. Ces
belles qualitez, MA-
DAME, ioinctes à l'an-
cienne Nobleſſe de vos
AYEVX, & au comble
de vos excellentes Ver-
tus, me font eſperer que
cet Ouurage vous fera
d'autant plus agreable,
qu'il traicte DE LA SA-
GESSE MYSTERIEV-
SE DES ANCIENS. Si
c'eſt le deſſein de l'Au-
ã iij

theur d'appliquer les Fa-
bles moralement, le mien
n'est autre que d'expli-
quer ses conceptions en
nostre langue, & de re-
chercher par ceste ver-
sion la faueur d'estre à
iamais estimé,

MADAME,

Vostre tres-humble & tres-
obeyssant seruiteur,

I. BAVDOIN.

PREFACE.

A premiere Anti-
quité (laiſſant à
part maintenant
les ſainɛts Eſcrits)
eſtoit entierement enuelop-
pee des tenebres du Silence & de l'oubly. Au Silence
ont depuis ſuccedé les Fables
des Poëtes, & aux Fables les
Eſcrits qui nous reſtent encores auiourd'huy. De maniere
que les Myſteres plus pro-
fonds & plus ſecrets ont eſté
diuiſez & ſeparez de la memoire & de l'euidence des ſiecles par le moyen de la Fable;
comme auec quelque voile,
qui ſeſt mis entre les choſes

ã iiij

PREFACE.

tout à faict perduës, & celles
dont nous auons encore la
iouiſſance.

Ie ſçay qu'il s'en trouuera
pluſieurs qui me tenans pour
quelque railleur, & pour vn
compteur de ſornettes, dirõt
que ie me licentie autant à expliquer les Fables à ma mode,
que les anciens Poëtes à les
feindre ; comme en effect il
me ſeroit aiſé de le faire, & de
dõner vn ſens diuers aux plus
difficiles contemplations, ſoit
pour adoucir mes propres cõ-
ceptions, ou pour en rendre
à chacun la lecture plus agreable. D'ailleurs, ie n'ignore pas
auec combien de diuerſitez
l'on peut traicter la matiere
des Fables ; qu'il eſt aiſé de la
tirer & conduire où l'on veut,
& qu'il ne couſte rien à vn bel

esprit de l'adapter à tout ce que bon luy semble, mesme à des choses ausquelles on n'aura iamais pensé. Ie me suis encore aduisé, que l'vsage en a esté prophané dés lõg temps, parce que plusieurs pour mettre en credit leurs discours & leurs inuentions, par quelque traicté venerable de l'Antiquité, ont faict en sorte d'accommoder à leur suject les Fables des Poëtes : vanité qui n'est que trop commune, & qu'on a de tout temps pratiquee. Suiuant cela nous lisons de Chrysippe que deuenu cõme interprete de songes, il souloit reduire l'opinion des Stoïciens aux Fables des anciens Poëtes, que les Philosophes Chymicques ont encore rapportees fort mal à pro-

pos aux transformations des
corps qui se font dans leurs
vaisseaux.

Ie dis derechef que toutes
ces choses ne me font aucunement incogneuës, que ie les
ay considerees auec vne meu-
re deliberation, & que i'ay
trop bien compris ces ridicules folies, & ces vaines com-
plaisances, qui neantmoins ne
m'ont du tout point esbranlé
de ma premiere opinion. Car
il n'y a point d'apparence que
les extrauagances de quelques
particuliers raualent & dimi-
nuent l'honneur de toutes les
Paraboles en general, puis que
la Religion mesme se sert de
ces ombres, ou de ces voiles,
& qu'on ne les peut ofter, sans
abolir à mesme temps le com-
merce qui se trouue entre les

PREFACE.

myſteres diuins , & les choſes
humaines.

Touchant l'humaine Sageſ-
ſe , il faut que i'aduoüe fran-
chement que mon inclination
ſe porte à croire, que pluſieurs
Fables anciennes depuis leur
premiere origine n'ont pas
eſté ſans myſteres & ſans allegories. Ce qui m'induit parti-
culierement à ceſte creance,
eſt que ie me ſens comme rauy par le reſpect que l'on doit
à l'Antiquité , ou bien parce
qu'en quelque vnes de ces Fables, ſe retrouue vne ſi grande liaiſon de reſſemblâce auec
la choſe ſignifiee ; & la Fable
meſme y eſt ſi bien tiſſuë conformément à la proprieté des
noms attribuez aux Acteurs,
qu'il eſt preſque impoſſible de
nier que les premiers inuen-

PREFACE.

teurs de ces Feintes ne les ayẽt
entenduës de la façon que
nous les expliquons, bien qu'à
deſſein on les ait touſiours
ombragees & couuertes d'vn
voile. Car où trouuera-t'on
l'homme ſi dur de cerueau, &
ſi aueugle aux choſes manife-
ſtes & claires, lequel ayant ouy
dire que la Renommee, comme derniere ſœur des Geants,
naſquiſt auſſi toſt que ces Te-
meraires furent desfaicts, ne
rapporte ceſte Fable aux faux
bruits des Factieux, qui cour-
rent de toutes parts, quelque
temps apres que les rebellions
ſont appaiſees ? Se peut-il bien
faire qu'en liſant dans la Fable, comme le Geant Tiphon
coupa les principaux nerfs à
Iupiter, qui les recouura depuis par le moyen de Mercu-

PREFACE.

re, l'on n'approprie incontinent cette feinte à la force des Rebellions, qui couppent aux Roys les nerfs de la bourse & de l'authorité, de telle sorte neantmoins que par la douceur de leurs paroles, iointe à la prudence de leurs Edits, ils regaignent secrettement, & comme à la desrobee les courages de leurs Subiets, & se restablissent en leur premiere puissance ? Est-il possible d'apprendre comme en ceste memorable entreprise que les Dieux firent iadis contre les Geants, l'Asne de Silene y seruit beaucoup, lors que s'estant mis à recquaner, il leur donna l'espouuante & la fuitte, sans conteuoir à mesme temps que cela se doit entendre des inutiles efforts des Rebelles,

PREFACE.

qui sont la plus-part du temps mis en desroute, & desfaicts par le moyen des faux bruits & des vaines terreurs que l'on sent de tous costez ? Quant à la conformité des noms, à qui peut elle estre incogneue? N'est il pas vray que Metis femme de Iupiter, denote & signifie le Conseil, Tiphon l'Orgueil, Pan l'Vniuers, Nemesis la Vengeance, & ainsi des autres?

Or il ne faut pas qu'on s'estonne, si l'on trouue par fois dans les Fables quelque meslage d'Histoire, si par maniere d'ornement on y adiouste autre chose, si l'on confond la reuolution des temps, ou s'il se faict vne translation d'vne Fable à l'autre auec vne nouuelle Allegorie. Car il falloit

PREFACE.

de neceſſité que cela fuſt , parce que les inuĕtions des hommes differans de deſſein & de
temps le requeroient ainſi; outre que les vns d'entre-eux
eſtoient plus anɔiens , les autres plus modernes ; que quelques-vns ſe propoſoient la nature des choſes, & pluſieurs le
maniement des affaires ciuiles. Nous auons en outre vne
marque d'vn ſens occulte &
caché , qui n'eſt pas petite ; en
ce qu'il ſe trouue certaines Fables pleines de narrations ſi
difformes & ſi mauſſades,
qu'elles ſemblent monſtrer de
loing & comme par force la
Parabole , & la publier tout
haut. Quoy qu'il en ſoit, ſi la
Fable tient du vray-ſembla-
ble, elle peut eſtre faicte par
forme de recreation & à la reſ-

semblance de quelque Histoire : mais pour le regard d'v-
ne chose dont la pensee ou le
recit ne pourroit iamais paruenir à la cognoissance d'vn
homme, elle semble sans doute inuentee pour vn autre vsage. Est il rien de grossier &
d'absurde à l'esgal de ceste
feinte, que Iupiter ayant pris
à femme Metis, si tost qu'il
s'apperceut qu'elle estoit enceinte il la deuora, si bien que
luy mesme deuenu gros, enfanta Pallas, qui nasquist de
son propre Chef toute armee?
Pour moy ie ne pense pas
qu'vn homme se puisse imagi-
ner vn songe si monstrueux,
& si esloigné du sentier des
pensees humaines.

Il faut que i'aduouë que dis-
courant à part moy de tout ce
qui

PREFACE.

qui appartient à ceſte matiere,
apres l'auoir bien peſee, il me
ſemble finalement que pluſieurs anciennes Fables ne
doiuent en aucune façon eſtre
attribuees à ceux auſquels on
en defere l'inuētion, comme à
leurs premiers Autheurs, tels
qu'on feint auoir eſté Homere, Heſiode, & autres ſembla-
bles. Que ſi i'eſtois entierement aſſeuré qu'elles euſſent
pris leur origine de ce temps
ou de ces Autheurs, par le
moyen deſquels on dict qu'elles ſont paruenuës iuſques à
nous, ie ne me ſerois iamais
faict accroire, ſelon ce que
i'en puis iuger, qu'il euſt falu
en aucune façon attēdre d'vn
ſemblable cōmencement vne
choſe grande & ſublime: De
maniere que ſi quelqu'vn por-
ē

PREFACE.

te sa consideration plus auant,
il trouuera que les Fables
nous sont rapportees , non
comme choses pensees , re-
trouuees , & proposees en ce
temps là : mais qui ont esté
creuës & receuës auparauant.
Ie diray bien dauantage ; c'est
qu'ayans esté rapportees par
diuers Escriuains, comme par
la reuolution des temps , il est
aisé de iuger par là que ce qui
est commun à tous est tiré de
l'ancienne memoire , & que
touchant la diuersité chacun
y a mis du sien pour l'ornement de la Fable. Cecy parti-
culierement m'a faict auoir en
grande estime les Fables, quãd
i'ay cõsideré qu'elles n'estoiēt
ny des effects du temps , ny
des inuētions Poëtiques, mais
bien des Reliques comme sa-

PREFACE.

crees, & des Zephirs de meil-
leures saisons, qui par la tra-
dition des nations plus anciennes auoient animé les
Trompettes des Grecs. Que
si quelqu'vn me veut souste-
nir auec vn courage obstiné,
que l'Allegorie n'a iamais esté
naturelle ny propre, mais plustost ioincte & soubmise à la
Fable, ie suis content, sans
l'importuner dauantage, de
m'en rapporter à son iugement, & de luy donner vne
nouuelle atteinte d'ailleurs.

Les hommes ont inuenté
pour deux raisons l'vsage des
Paraboles, lequel (& c'est dequoy ie m'estonne le plus) s'a-
dapte à des choses contraires.
Toute la raison que i'en puis
alleguer, est que les Paraboles
seruent de couuerture & de

PREFACE.

voile, ensemble de lumiere
& de clarté. Or bien que
i'obmette le premier poinct,
pluſtoſt que d'en venir à vn
different ; le ſecond vſage ne
laiſſe pas de demeurer aſſeuré,
ſi bien qu'il ne ſe trouuera perſonne ayant tant ſoit peu de
cognoiſſance des lettres, qui
n'aduouë qu'il eſt d'autãt plus
neceſſaire de ſçauoir les Fables, que par leur moyen les
entendemens humains con-
duits auec plus de douceur &
de facilité, s'ouurent vne entree à des inuentions qui ſont
nouuelles, & tout à faict eſloi-
gnees de l'opinion vulgaire
des hommes. Voyla pour-
quoy aux premiers ſiecles,
quand les inuentions de la raiſon humaine eſtoient tou-
tes nouuelles & hors d'vſage,

PREFACE.

l'on ne parloit d'autre chofe que de Fables, d'enigmes, de paraboles, & de fimilitudes de toutes fortes. Par ce moyen, l'on cherchoit pluftoft vne facile methode pour enfeigner, qu'vn artifice propre à tenir les fciences cachees, attendu que les Efprits de ce temps-là eftoient affez groffiers, & peu fufceptibles des fubtilitez, outre l'impatience qui les maiftrifoit, ioincte à vn defaut de capacité.

Ie dis donc que tout ainfi qu'anciennement les Hierogliphes precedoient les lettres, de mefmes les Paraboles font plus anciennes que les Argumēs. Nous voyons mefme au temps où nous fommes que lors qu'il s'agift d'vne matiere mife en contention, fi vn,

PREFACE.

homme veut donner quelque
nouuelle lumiere aux entendemens humains , auec vne
methode facile & intelligible,
il y doit proceder par ceste
mesme voye , & recourir aux
similitudes . Tellement que
pour cōclure tout ce que nous
auons rapporté cy-deuant, ie
diray qu'il faut de necessité
que la Sagesse de l'anciē siecle
ait esté fort grande, ou beaucoup heureuse ; grande , si la
figure & le Trope ont esté in-
uentez à dessein ; & heureuse,
si les hommes pensans à autre
chose ont fourny de matiere
& d'occasion à de si dignes
contemplations. Par ainsi , s'il
se trouue quelque chose
agreable en ce mien ouurage,
ie croiray l'auoir bien em-
ployee en l'vn & en l'autre, en

PREFACE.

ce que i'auray illustré l'antiquité, ou les choses mesmes..
Ie ne doute point que d'autres n'ayēt entrepris aussi bien
que moy le suiect que ie trai-
te à present: mais pour en parler auec plus de liberté que de
mespris , la dignité de ceste
matiere quelque peine qu'on
y ait prise par le passé est maintenant comme perduë. Les
hommes plus meslez aux grā-
des affaires , & seulement do-
ctes en certains recueils &
lieux communs , ont appliqué
le sens des Paraboles à ie ne
sçay quels propos generaux &
communs ; mais ils n'ont pas
monstré leur vray sens , non
plus que leurs secrettes proprietez , ny daigné prendre la
peine de les chercher. Pour
moy ie suis bien content de

PREFACE.

paroiſtre nouice en matiere
de choſes vulgaires & triuia-
les , pourueu que laiſſant en
arriere ce qui de ſoy meſme
eſt manifeſte & facile , ie paſſe
outre à des conceptions plus
hautes & plus releuees.

SOMMAIRE

SOMMAIRE DES
Fables expliquees en
ce Liure.

SVR CETTE
Traduction.

Enfans d'Apollon & des Graces,
Qui n'auez pour les choses basses
Que de la hayne & du mespris;
BACON, esprit incomparable,
Vous donne ces rares escrits,
Couuerts du voile d'vne Fable.

Ces Enigmes & ces figures
Cachẽt so⁹ leurs ombres obscures
Des secrets si Mysterieux,
Que pour n'admirer leur puissãce,
Il faut estre peu curieux,
Ou n'auoir point de cognoissance.

Là se voit cõme en vn sommaire
Tout le sçauoir qui mit Homere
Au mesme rang des Immortels,
Et ce grand thresor de Sagesse,
Qui fit esleuer des Autels
Aux sept Oracles de la Grece.

Là par le Dieu Pan sont escloses
Les qualitez des belles choses
Que la Nature nous depart,
Et par la Fable de Prothee
L'admirable force de l'Art
Nous est au vif representee.

Employez donc à vostre vsage
Beaux esprits, ce diuin ouurage,
Qui rend immortel son Autheur;
Cheriſſez touſiours ſa memoire,
Et faictes que le Traducteur
Ait quelque part à ceſte gloire.

A. RVELLE.

DE LA

DE LA
SAGESSE
MYSTERIEVSE
DES ANCIENS.

CASSANDRE,
ou, la liberté de parler.

I.

L'On dict que les diuers artifices de Cassandre recherchee d'amour par Apollon, ren-

A

dirent sans effect la paffion de ce Dieu:mais qu'elle ne laiffa pas de l'entretenir toufiours d'efperance,
iufqu'à ce qu'ayant obte-
nu de luy le don de predi-
re l'aduenir , & tout ce
qu'elle defiroit d'en tirer
fous de beaux femblans,
enfin elle reietta fes prieres ouuertement. Ce qui
fut caufe qu'Apollon ne
luy pouuant plus ofter vne
chofe qu'il luy auoit temerairement octroyee, & qui
neantmoins allumoit en
luy le defir de s'en venger;
pour n'encourir la repro-

che d'auoir esté moqué
par les artifices d'vne femme , s'aduisa d'adiouster
au don par luy faict à
Cassandre vne peine qu'il
voulut estre telle, que ses
predictiós, bien que tous-
jours veritables, ne pour-
roient induire aucun à les
croire : Comme en effect,
quelques veritez qu'elle
proferast , iamais on n'y
voulut adiouster foy. Elle
ne l'espreuua que trop,
lors qu'ayant predit plu-
sieurs fois les ruines de sa
patrie, il ne se treuua persó-
ne qui luy prestast l'oreille,

ou qui euſt la moindre creance en ſes paroles.

Cette fable ſemble auoir eſté feinte ſur le ſujeċt des remonſtrances & des conſeils inutiles, & dónez hors de ſaiſon: Car les hommes d'vn naturel reueſche & faſcheux, ne ſe veulent iamais ſoubmettre à Apollon, c'eſt à dire à celuy qui eſt Dieu de l'harmonie, pour remarquer & apprédre de luy la melodie des choſes, ou par maniere de dire les tons graues ou ſubtils qui ſe forment de la parole. Or comme il y

a diuerses sortes d'oreilles,
plus ou moins polies &
sçauantes, ou grossieres &
communes;ainsi les temps
de parler ou de se taire sont
differents.De là vient que
les plus prudens, quelques
bons & profitables con-
seils qu'ils puissent dóner,
n'aduancent iamais rien
par l'effort de toutes leurs
persuasions, & qu'au lieu
de voir reüssir leurs aduis,
ils hastent plustost la ruine
de ceux ausquels ils les dó-
nent.Mais en fin, si le succez en est dommageable,
& conforme à leur predi-

ction, c'eſt alors que ceux-
cy les tiennent tout à faict
pour deuins, & pour hom-
mes qui voyent, comme
l'on dict, plus loing que
leur nez. M. Caton d'Vtic-
que nous ſert d'vn fort bel
exemple en cecy. Ce grand
homme ſçeut bien pre-
uoir, ainſi que d'vn lieu
haut eſleué, la ruine de ſon
païs, enſemble la tyrannie
qui preceda la conſpira-
tion, & finalement les
animoſitez de Ceſar & de
Pompée, qu'il predit com-
me vn veritable oracle,
long-temps auparauant

qu'elles aduinſſent. Et neantmoins tous ſes aduis furét plus nuiſibles qu'v-tiles, & haſterent là perte de ſa patrie. Ciceron le re-marque aſſez, & auec vne prudence eſgale à ſon bien - dire ordinaire, lors qu'eſcriuant à vn ſien amy, *L'opinion de Caton, dict-il, ne me ſemble pas mauuaiſe; & neantmoins elle eſt quelque-fois nuiſible à la Republique. La raiſon en eſt, parce qu'il parle comme s'il eſtoit en la Republique de Platon, & non pas dans la lie de Romulus.*

TIPHON,
ou le Rebelle.

II.

LEs Poëtes ont feint que la Deeſſe Iunon faſchee de ce que Iupiter auoit de ſoy-meſme enfanté Pallas, pria les Dieux qu'il luy fuſt permis encore à elle de pouuoir engendrer toute ſeule, ſans la iouyſſance de ſon mary. Ils diſent là deſſus qu'elle feit en ſorte par la violences de ſes importunes prie-

res, que sa demande luy
fut en fin accordee : De
maniere qu'ayant esbran-
lé la terre, de ce mouue-
ment nasquist Tiphon,
monstre grand & horri-
ble, qui fut donné à vn
serpét cóme à vne nourri-
ce qui eust soing de l'esleuer en son enfance. Mais
il aduint depuis que de-
uenu grand & robuste, il
fit la guerre au Pere des
Dieux. En ce combat le
pauure Iupiter tresbucha
sous la force de ce Geant,
qui l'ayant chargé sur ses
espaules, le transporta en

vn païs obscur & loing-
tain, où il le laissa tout im-
puissant & mutilé de ses
membres, apres luy auoir
coupé les principaux nerfs
des pieds & des mains,
qu'il emporta quant &
soy. Peu apres il arriua que
Mercure desroba ses nerfs
au Geant, & qu'il les rendit à Iupiter, qui s'en estát
renforcé, assaillit dere-
chef le Geant. La premie-
re atteinte qu'il luy donna
fut d'vn coup de foudre,
qui luy fit respãdre vne grã
de abondáce de sang, d'où
nasquit la venimeuse en-

geance des serpens qui
sont sur la terre. Tiphon
voulut mettre son salut en
la fuitte; mais il fut con-
ttaint de se laisser choir,
affoibly du coup qu'il
auoit receu. Ce que voy-
ant Iupiter, il ietta sur luy
le Mont Ætna, & ainsi il
l'escraza sous le faix de cette Montaigne.

Cette fable a esté inuen-
tee, pour estre comme vn
symbole de la fortune des
Roys, & des rebellions
qu'on voit ordinairement
aduenir dans les Monar-
chies. Car les Roys sont

par maniere de dire ma-
riez auec leurs Royaumes,
comme Iupiter l'eſt auec
Iunon. Mais il aduient
auſſi la pluſpart du temps,
que l'habitude qu'ils ont
priſe à regner, eſt ce qui les
gaſte le plus, & qui les fait
ployer ſous la tyrannie.
De maniere que ſans ſe
ſoucier de ſe tenir à l'aduis
ou au commun conſente-
ment de leurs Eſtats ou de
leur Senat, ils veulent tirer
tout à eux, & n'engendrer
que d'eux meſmes; c'eſt à
dire que leur intention eſt
de gouuerner toutes cho-

ses à leur plaisir, & d'vne
seule puissance absoluë.
Cependant telle proce-
dure insupportable à vn
peuple, faict qu'il tasche
encore de son costé de
creer vn chef & de l'aggrá-
dir. Or cõme ces mences
naissent ordinairement
des secrettes intelligences
de la Noblesse & des plus
grands du Royaume;apres
qu'on les a bien dissimu-
lees, l'on tasche de faire
sousleuer le peuple, d'où
s'ensuit vne certaine tu-
meur aux affaires, denotee
par l'enfance de Tiphon.

Les choſes reduittes en tel
eſtat ſe fomentent encore
plus par la malignité naturelle de la commune, qui
eſt vn ſerpent grandemét
dommageable aux Roys.
Comme ces nouueaux
troubles ont pris tant ſoit
peu d'haleine & de force,
ils aboutiſſent en fin à vne
manifeſte rebellion : &
d'autant que les maux qui
en reuiennent aux Rois &
aux peuples ſont infinis,
elle nous eſt repreſen-
tee ſous l'horrible figu-
re du monſtre Tiphon.
On luy donne cent teſtes,

pour les diuerſes entrepri-
ſes & les executions qu'elle faict. Les bouches, qui
vomiſſent le feu, denotent
les embraſemens; les ſer-
pens dont elle eſt enuiron-
nee, demonſtrent les ma-
ladies contagieuſes qui
l'accompagnent par tout,
principalement és ſieges
de villes. Ses mains de fer
ſignifient les aſſaſſinats &
les meurtres; ſes griphes
plus rauiſſantes que celles
de l'Aigle, les voleries. Bref
tout ſon corps ſemé de
plumes eſt vn hierogliphe
des apprehenſions, & des

nouuelles que les Cour-
riers apportent à tout mo-
ment. Ces rebellions font
quelquesfois fi puiffantes,
& fe fortifient de telle forte, que les Roys comme
tranfportez ailleurs par les
fubiets mutinez, font có-
traints de quitter leurs
Throfnes, & leurs meil-
leures villes, pour fe retirer
en des lieux obfcurs, mefme aux plus loingtaines
contrees de leur Royaume,
apres auoir perdu leurs
principaux nerfs, qui font
l'argent & la Majefté.
Mais en fin, quand leur

prudence a bien combat-
tu les difgraces de la fortune , ils recouurent leurs
nerfs par l'induftrie & par
la vertu de Mercure; c'eft
à dire que deuenus affa-
bles & reconciliez auec les
volontez & les courages
de leurs fubiects, ils regaignent fouuent en iceux
vne prompte affiftance
d'argent,& en eux mefme
vne nouuelle vigueur, de
leur propre authorité.
Toutesfois ceux qui fça-
uent ioindre à la pruden-
ce la rufe, fe gardent fort
bien de tenter derechef la

fortune, & d'en venir aux
armes. Il est vray, qu'ils
sont tousiours attentifs à
considerer si par quelque
acte memorable, il y a
moyen de ruiner la reputation des rebelles. Que si
leur dessein reüssit, ces mutinez deuenus foibles à
l'instãt, & tous effrayez se
tournent d'abord aux me-
naces & aux brauades, qui
ne sont que sifflemens de
serpens. Mais en fin com-
me ils voyent leurs affaires
au desespoir, tout leur recours consiste en la fuitte,
si bien qu'ils commencent

à se laisser cheoir; & c'est alors que les Roys ont beau moyen de leur mettre en queuë vne bonne armee, & de leur courir sus en toute asseurance, pour les accabler comme auec le Mont Æthna par les forces de leur Royaume.

LES CICLOPES, ou, les Ministres de la terreur.

III.

LA Fable raconte que Iupiter voulant punir

la felonnie ou la grande
cruauté des Cyclopes, les
confina premierement
au Tartare, où ils furent
enfermez, & condamnez
à perpetuité; mais que depuis, la Terre fit trouuer
bó à Iupiter de les deliurer
de ceste prison, pour s'en
feruir à forger des armes
& des machinesà só vfage:
La chose ne fut pas fi toft
accordee, que les Cyclopes
fe mirent à leur deuoir &
à preparer des dards & autres inftrumens de terreur,
auec vne continuelle fati-
gue accompagnee d'vn

bruit eſtrange, & qui ſem-
bloit menacer les hómes.
Quelque temps ſe paſſa
là deſſus, au bout duquel
il aduint vn iour que Iu-
piter ſe mit en colere contre Eſculape fils d'Apollon
pour auoir par ſes medicamens redonné la vie à vn
mort. Or d'autant qu'il
n'oſoit faire paroiſtre ſon
courroux, pour le peu de
ſujeƈt qu'il auoit d'eſtre
faſché d'vn aƈte ſi chari-
table & ſi ſignalé, il en-
uoya ſecretement contre
luy les Cyclopes, qui ne
faillirent point à l'heure

mesme de s'en depescher à coups de fleches. Ce forfaict esmeut tellemen-Apollon, que pour s'en venger, il recourut, comme eux, à ses dards, si bien que Iupiter n'y apportant aucun obstacle, il les tua l'vn apres l'autre.

Cette feintesemble encore regarder les actions des Roys, la coustume desquels est de punir d'abord d'vn rigoureux chastimét les maluersations de leurs officiers, en les desmettant de leurs charges, quand ils s'y comportent

auec vne feuerité qui fe
tourne en felonnie. Mais
apres les auoir ainfi trait-
tés, ils font bien aifes de les
remettre en leur premiere
dignité, induits à le faire
par vn confeil qui vient
de la Terre, c'eft à dire qui
eft de foy des-honnefte,
rampant, & tiré du profit
particulier qui leur en reuient; ne fe foucians nullement que l'execution en
foit exacte & cruelle, pourueu que le gaing l'accópa-
gne. Ceux-cy cepédát mef-
chans de leur naturel, &
rendus encore plus felons

parleurs dernieres difgraces,n'oublient rien de tout
ce que la diligence peut
requerir en telles affaires,
ne fçachans que trop ce
que l'on attend de leurs
pourfuittes. 'Or comme
peu rufez qu'ils font à fe
mettre en grace, & trop
promps à l'acquerir, il
aduiét quelquefois,à leur
perte, que prenans lan-
gue des fignes fecrets,
ou des commandemens
incertains que fait le Prince,ils paffét outre en l'execution d'vn acte odieux:
ce qui eft caufe que les
Princes

Princes effaçans la haine
du faict, & bien-asseurez
de n'auoir iamais faute de
tels instruments de mes-
chancetez, les abădonnét
entierement, & les laissent
entre les mains des parens
ou des amis de ceux qu'ils
ont mal traittez. Et voyla
cóme ils sót faicts la proye
des accusations & des inimitiez du peuple ; telle-
mét qu'on peut bien dire
d'eux, qu'ils meurent trop
tard, & nó pas à tort, cepé-
dant que les Roys en ont
les acclamations, & les ap-
plaudissemés d'allegresse.

B

NARCISSE,
ou, l'amour de soy-mesme.

IIII.

LA nature auoit comblé Narcisse de tant de beautez & de graces, qu'il estoit vn suject d'admiration à tous ceux qui le regardoient. Mais la bonne opinion qu'il se donnoit de soy-mesme à cause de sa beauté, luy faisoit auoir vn dégoust insupportable de toutes choses. Ainsi

s'aymant vn peu trop , &
au defaduantage de tous
les autres , qu'il mef-
prifoit , il fe retira dans
les forefts , pour y mener
vne vie folitaire parmy les
plaifirs de la chaffe , auec
quelques fiens compa-
gnós qui en eftoient ido-
latres. Def-ja mefme la
Nimphe Echo commen-
çoit d'en eftre amoureufe,
& l'accópagnoit eu quel-
que lieu qu'il allaft. Cepé-
dant qu'il paffoit ainfi fa
vie, fon Deftin le condui-
foit d'ordinaire au bord
d'vne claire fontaine pour

s'y repofer au plus chaud du iour. Ce fut là que voyant à fa perte fa propre image, il fe mit à la côtempler auec paſſion. Plus il fe miroit dans ceſte onde, & plus il admiroit fa beauté: Mais en fin ne fe pouuant laſſer de regarder ſó pourtraict , l'excez du plaifir qu'il y prit le fit deuenir immobile, tellement qu'il fut changé en la fleur appellee de fon nom. Or ceſte mefine fleur s'eſpanouiſt au commencement du Printemps:& l'on tient qu'elle eſt confacree aux

Dieux infernaux, comme
à Pluton, à Proserpine, &
aux Eumenides.

Cette fable represente le
succez & le naturel de ceux
qui de la beauté du corps
ou de telle autre qualité,
dont la seule nature les a
doüez, & non leur propre
industrie, en tirent vn suject de s'aimer eux-mes-
mes auec vne passion ex-
cessiue. Aussi voit-on ordinairement que les esprits
qui en sont là reduits, ne
s'employent gueres volõ-
tiers au bien du public ny
aux affaires ciuiles. Toute

la raifon que i'en puis alleguer eft, que dans l'eftat
dela vie qu'ils menent, il
leur aduient fouuent d'e-
ftre bafoüez & tenus à
mefpris : De maniere que
fe voyans ainfi mocquez,
ils fe troublent & s'auilif-
fent. C'eft pourquoy la
plufpart du temps il fe re-
tirent aux champs, pour y
mener vne vie folitaire &
priuee, auec quelques vns
de ceux qui ont accouftu-
mé de les courtifer, & lef-
quels, pareils à la Nimphe
Echo, les flattent en tout
ce quils difent, & les fecó-

dent toufiours , auec vne
complaifance de paroles.
Cependant ceux-cy gaftez
& rédus encore plus vains,
tant par la conuerfation
de telles perfonnes, que
par leur façon de viure, de-
meurent comme efperdus
& rauis dans la bonne opinion qu'ils ont d'eux-mef-
me. De ceft amour propre
fe forme en eux vne extreme faineantife , & vn af-
oupiffement qui les faifit
de toutes parts , & les en-
gourdift fi fort, que toute
vigueur & viuacité d'efprit
les abandonne auffi-toft:

Et voyla pourquoy les hõmes de cette humeur sont fort à propos comparez aux fleurs du Printemps. La raison en est, parce que tels esprits fleurissent & sont en estime en leurs commencemens. Mais depuis qu'ils viennent sur l'aage, ils ne font que languir; si bien que tout l'espoir qu'on s'est dõné d'eux se perd & s'esuanoüist. A cecy se raporte encore que la fleur susdite est voüé aux Dieux infernaux, pour monstrer que les hommes de ceste estoffe ne sont bõs

à rien.   Car les Anciens
auoient accouſtumé de
conſacrer aux ombres &
aux Deitez infernales tout
ce qui ne portoit aucun
fruict , & qui ne faiſoit
que paſſer, comme le vaiſ-
ſeau, qui voguant en pleine mer, fend les vagues le-
gerement', & ſans laiſſer
aucune trace de la route
qu'il tient.

STYX,
ou, les Conuentions.
V.

Toutes les fables font pleines de cét vnique ferment dont les Dieux celeftes auoient accouftumé de s'obliger, quăd ils vouloient qu'aucun lieu ne leur reftaft à la repétance. Par ce ferment ils n'inuoquoient point de Majefté du Ciel, ny point d'attribut diuin, mais bien le feul Styx, qu'il feignoient eftre vn certain fleuue d'Enfer,

lequel ſerpentant par la
Cour de Dis, y rouloit ſes
ondes, & tournoyoit en
diuers endroicts. C'eſtoit
la ſeule formalité qu'ils
obſeruoient en iurant,
hors laquelle nul autre ſer-
ment ne leur ſembloit in-
uiolable ny ferme. Que ſi
quelqu'vn y côtreuenoit,
il encouroit le nom & la
peine de parjure, que les
Dieux redoutoienr. ſur
toute choſe ; outre que
durant quelques annees il
eſtoit banny des feſtins &
des aſſemblees des Dieux.

Cette fable a ie ne ſçay

quel rapport auec les ac-
cords & les traittez que les
Princes font d'ordinaire,
où la verité ne faict voir
que trop clairement, que
les conuentions côfirmees
par quelque ferment &
folemnité que ce foit ne
font gueres fermes. Tellement qu'on peut bien dire
que tels fermens fe prati-
quent pluftoft par vne certaine môftre d'honneur,
de reputation, & de côpli-
ment, que pour vn tefmoi-
gnage de foy, d'affeurance
& de veritable effect. Que
fi mefme on y adioufte les

liens de la parenté, comme
de certains fermens de la
nature, enfemble les reci-
proques merites , cela
n'épefche point que par-
my plufieurs tous ces liens
ne fe treuuent inferieurs à
l'ambition, au particulier
intereft, & à la licence de
cómander. Telle chofe eft
d'autant plus facile, qu'il
eft bien aifé auxPrinces de
couurir enfemble leur có-
uoitife & d'autorifer le peu
de fincerité de leur foy par
diuers pretextes , & par
belles apparences, comme
n'ayans à rendre compte à

perſonne qui leur ſerue
d'arbitre. Par ainſi il ne
leur reſte qu'vn propre &
ſeul fondement de bonne
foy, laquelle ne conſiſte
point en aucune Deïté ce-
leſte, mais bien en la necel-
ſité(qui eſt aux Grãds vne
puiſſante Deeſſe) enſem-
ble au danger que peut
encourir leurEſtat, & en la
communication du profit
particulier. La Neceſſité
nous eſt grandemét bien
repreſétee par le Stix, fleuue fatal, & qu'on ne peut
repaſſer. Ce fut le Dieu
qu'inuoqua l'Athenien

Iphicrates en la côclusion
de la paix qu'il fit auec les
Lacedemoniens. Or d'au-
tant que luy seul profera
tout ouuertement ce que
plusieurs autres s'imagi-
noient en l'esprit, sans en
dire mot , il ne sera pas
hors de propos de rappor-
ter icy ses propres paroles.
Ce grand homme s'adui-
sant que les Lacedemo-
niens ne faisoient qu'in-
uenter & proposer vne
infinité de ruses, de loix, &
de diuers liens , pour
estreindre & arrester les
conditions de paix, se mit

à parler ainsi. L'on ne peut,
ô Lacedemoniens , trouuer
qu'vn seul lien parmy vous, ny
establir qu'vne seule asseurāce,
laquelle nous tiendrons pour
ferme, si vous nous faictes voir
à l'œil, de nous auoir accordé
& remis entre les mains des
choses qui vous ayent osté le
pouuoir d'offenser autruy,
quand mesme vous en auriez
toute la volonté qu'on sçauroit
dire. Cela monstre assez
que s'il n'y a plus de lieu à
l'offence , ou si des ac-
cords & des articles rom-
pus s'ensuit vn peril euident de perdre l'Estat, ou
de

de l'amoindrir , ensemble
le reuenu du public, l'on
peut bien en fin estimer
tels accords inuiolables &
sainéts, ou pour mieux dire, côfirmez côme auec vn
ferment presté sur le fleuue
Stix, pendant qu'on est en
vne perpetuelle apprehen-
sion d'estre banny pour
vn temps du banquet des
Dieux; soubs lequel nom
les Anciens nous ont vou-
lu signifier les preroga-
tiues & les raisons d'vn
Estat, ensemble l'abondã-
ce & le bon-heur qui les
peuuent accompagner.

'P A N,
ou, la Nature.

LEs Anciens voulás re-
preséter la Nature, l'ont
fort exactement defcritte
fous la perfonne de Pan:
& toutesfois ils ne par-
lent point de la genealo-
gie de ce Dieu. Les vns
luy donnent pour pere
Mercure, & les autres luy
attribuent vne extraction
bien differente. Car ils difent que Penelope s'eftant
abandonnee à la paffion
de tous les Amans qui la

recherchoient, engendra
Pan leur commun enfant,
pour eſtre né de ce meſlan-
ge d'accouplemens. Cette
meſme opinió a ſans dou-
te donné ſubiect à quel-
ques vns des plus moder-
nes d'approprier au nom
de Penelope l'ancienne fable de Pan;choſe qui n'eſt
que trop commune à plu-
ſieurs, dont la couſtume
eſt de rapporter les vieilles
narrations aux perſonnes
& aux noms de plus freſ-
che memoire, ſans s'adui-
ſer de la grande abſurdité
qui s'en enſuit, comme

l'on peut remarquer icy
pour deux raisons ; l'vne,
que Pan Dieu fort'ancien,
estoit long-téps auãt Vlis-
se;& l'autre, que si quelque
particuliere vertu rendoit
Penelope recommanda-
ble, c'estoit sans doute sa
chasteté. Il ne faut non
plus oublier icy la troisiés-
me generation qui s'attribue au Dieu Pan, à sçauoir
qu'il nasquist de Iupiter &
d'Ibrie, qui signifie iniure
ou affront. Mais de quel-
que façon qu'il ait esté en-
gendré, on luy dóne pour
sœurs les trois Parques.

Les anciens le peignoient
auec des cornes aiguifees
iufques au Ciel, tout velu
par le corps, & portant la
barbe fort longue. Il eftoit
my-homme & my-befte
depuis le haut iufqurs en
bas, & auoit des pieds de
chevre. Pour marque de fa
puiffance, il portoit en fa
main droicte vne flufte à
fept tuyaux, en la gauche
vne houlette recourbee
par le haut bout, & fe cou-
uroit de la peau d'vn Leopard. Entre les plus hon-
norables charges qu'on
luy donnoit, il fe pouuoit

venter d'estre le Dieu des Chasseurs, des Bergers, & de tous les villageois en general. Luy-mesme presi-doit encore aux montai-gnes, & apres Mercure estoit le second messager des Dieux. Les Nimphes le recognoissans pour leur chef, ne cessoient de sau-teller & danser tout au tour de luy : les Satyres le courtisoient d'ordinaire, principalement les plus vieux d'entr'eux, appellez Silenes. l'obmets le pou-uoir qu'il auoit de trauail-ler les esprits de certaines

terreurs superstitieuses &
vaines , qu'on nommoit
autrement Paniques pour
ce mesme subiect. Les ef-
fects de son courage & de
sa vaillance ne furent pas
en grand nombre. Il def-
fia Cupidon à la lutte, qui
le veinquist, & print dans
ses rhets le Geant Tiphon.
L'on raconte encore de
luy que sa bonne fortune
voulut, qu'allant à la chasse il descouurit la Deesse
Ceres,laquelle surprise de
regret & de fascherie à cause du rauissement de Pro-
serpine,auoit grandement

mis en peine tous les Dieux, qui pour la chercher s'estoient separez l'vn de l'autre. Ayant eu l'asseurance de se dire aussi grand Musicien qu'Apollon, & de le deffier, il fut declaré victorieux par Midas, auquel des oreilles d'asne furent donnees secrettemét, pour punition d'auoir faict vn iugement si iniuste & si temeraire. L'on ne raconte pas beaucoup de choses des Amours de Pan, dequoy ie m'estonne d'autant plus qu'entre les Dieux à peine s'en

ſen trouuoit-il vn ſeul qui
ne fuſt de cōplexiō amou-
reuſe. Tout ce qu'on en
dict, eſt, qu'il aima la Nimphe Echo (& meſme qu'il
la tint pour ſa femme) enſemble vne autre Nym-
phe appellee Siringue; &
que Cupidon l'embarqua
dans cette amour; pour ſe
venger de la hardieſſ que
Pan auoit priſe de le deffier à la lutte. C'eſt merueille qu'il n'eut aucuns
enfans, puis que l'ordinaire des Dieux, principale-
ment des maſles, eſt d'eſtre
feconds. Il eſt vray qu'on

luy donnoit comme pour fille vne certaine Iambe laquelle souloit entretenir ses hostes par des comptes faicts à plaisir, pour les inciter à rire ; mesme quelques-vns tenoient qu'il auoit eu ceste fille de sa femme Echo.

Dans toutes les anciennes fables, ie n'en trouue point de plus excellente que cette-cy, ny qui soit pleine de plus de secrets & de mysteres de la Nature: Par le nom de Pan nous est representee l'vniuerselle generalité des choses,

ou, ſi vous voulez, cette
meſme Nature dont nous
venons de parler. Les Phi-
loſophes n'ont iamais que
deux opinions touchant
ſon origine, comme en ef-
fect ils n'en ſçauroient
auoir d'auantage. Car il
faut de neceſſité qu'elle
procede, ou de Mercure,
qui eſt le Verbe diuin, ou
des confuſes ſemences des
choſes. Pour le regard du
premier, outre que les
ſaincts eſcrits n'y mettent
aucune doute, les Philo-
ſophes ne le nient non
plus, ceux-là principale-

ment dont les argumens
ont approché de la Diui-
nité de plus prés. C'eſt vne
maxime infaillible que
tous ceux qui ont mis vn
principe aux choſes, l'ont
rapporté à Dieu, ou du
moins que luy donnans
vne matiere, ils l'ont eſti-
mee diuerſe en puiſſance.
De maniere que tout ce
different aboutit à vne telle diſtribution, à ſçauoir
que le monde a pris ſon
origine de Mercure, ou
bien de tous les Amou-
reux ou Riuaux.

Il chantoit, curieux, comme en vn profond vuide
Se pouuoient assembler les semen-
ces des corps,
Des ames, de la terre, & de la mer
liquide,
Puis, comme destians leurs inco-
gnus ressors
Ils venoient à s'vnir, pour animer
l'essence
De ce grand Vniuers, & luy don-
ner naissance.

La troisiesme genera-
tion de Pan est telle, qu'il
semble comme l'on dict,
que les Grecs ayent eu le
vent des mysteres des
Iuifs , par le moyen des
Egyptiens, ou que la co-

gnoiſſance leur en ſoit
venuë par quelque au-
tre voye: C'eſt icy qu'en
ce qui touche l'eſtat du
monde, ie le conſidere,
non en ſa pure naiſſance,
mais tel qu'il fut apres
la cheute d'Adam, à ſça-
uoir ſubiect à corruption
& à peché ; ſuiuant quoy
l'eſtat dont ie parle ſe peut
appeller en certaine façon
creature de Dieu & du pe-
ché meſme. Les trois dif-
ferentes generations de
Pan peuuent encore ſem-
bler veritables, ſi l'on en
faict vne diſtinction, qui

ſoit conforme aux temps
& aux choſes. Car ce
Pan, tel que nous le con-
templons maintenant, &
auquel nous deferons
plus d'honneur qu'il n'eſt
requis, prend ſon origine
du Verbe diuin, moyen-
nant la matiere confuſe,
la preuarication & la corruption s'y faiſans vne entree au dedans. Or c'eſt
auec beaucoup de raiſon
qu'on luy donne pour
ſœurs les Deſtinees & la
Nature des choſes. Car
c'eſt la liaiſon des cauſes
naturelles qui attire auec

soy la naiſſance, la durée,
la fin, la decadéce, les emi-
nences, les defauts , &
l'heureuſe iſſuë des cho-
ſes, où finalement tout ce
qu'on tient leur ärriuer
par la volonté du Deſtin.
L'on attribuë encore au
môde les cornes, qui ſont
d'ordinaire plus larges par
le bas, & plus aigues par
le bout. Cela nous ap-
prend qu'en quelque cho-
ſe que ce ſoit, il n'eſt point
de Nature qui n'aboutiſſe
en poinɥ & en pyramide.
Par exemple, les indiuidus
comme infinis, ſe raſſem-

blent auec les especes, qui
sont encore plusieurs en
nombre; les especes mon-
tent par apres iusques aux
genres, lesquels s'esleuans
au dessus se resserrent plus
generalement, si bien qu'il
semble en fin que la Na-
ture se reduise toute en vn
corps. Or ie ne pense point
qu'on s'estonne si les cornes de Pan s'auoisinoient
des plus hautes nuës, si
l'on considere que le sommet de la Nature, ou plu-
stost les idees vniuerselles
paruiennent en certaine
façon aux choses diuines,

& qu'il n'est pas difficile
de passer bien-tost de la
Metaphysique à la Theo-
logie naturelle. Disons encore que c'est auec beau-
coup de gentillesse & de
verité qu'on depeint le
corps de la Nature tout
herissé de poil, à cause des
rayons des choses, qui sót
comme autant de poils de
ceste mesme Nature. Car
toutes les choses du mon-
de ont leurs rayons, les
vnes plus, & les autres
moins. Cela se descouure
assez clairement en la puissance visuelle, & en chas-

que vertu qui opere vn
peu de loing, de qui l'on
peut dire veritablement
qu'elle darde ſes raiz par
dehors. Mais entre les autres poils du Dieu Pan,
ceux de ſa barbe paroiſſét
fort longs, pour monſtrer
que les rayons des corps
celeſtes penetrent mieux,
& qu'ils operent de beau-
coup plus loing que ceux
de tout autre corps. De là
vient que le Soleil nous
ſemble barbu, quand il
eſlance en bas quelques
ſiens rayons, en perçant le
nuage qui s'oppoſe à ſa

clarté. La Nature nous est aussi representee par deux formes, pour la difference qu'il y a des corps superieurs aux inferieurs. Les superieurs sont à bon droict denotez soubs vne figure humaine, tant à cause de leur beauté & de l'esgalité de leurs mouuemens, que pour la constáce & l'Empire qu'ils ont sur la terre & sur les choses terrestres. Quant aux inferieurs, il leur doit suffire d'estre peints en bestes irraisonnables & brutes, puis qu'ils n'ont rien de

reglé, outre que les corps
celeltes les regillent & les
gouuernent. Or ceſte meſ-
me deſcription du corps
appartient à la partici-
pation des eſpeces , veu
qu'on ne peut dire d'aucune Nature qu'elle ſoit ſim-
ple, mais bien qu'elle par-
ticipe de tous les deux.
Ainſi nous voyons que
l'homme a ie ne ſçay quoy
qui tient de la beſte, comme cette-cy a quelque
choſe commune à la plan-
te, & la plante vne partie
du corps inanimé; ce qui
monſtre aſſez qu'il n'eſt

rien dans le monde qui
n'ait deux formes, & qui
ne soit composé de l'espece superieure & inferieu-
re. Quant à l'Allegorie des
pieds de chevre, ie trouue
qu'elle est fort subtile, à
cause du mouuement des
corps celestes aux parties
superieures de l'air & du
Ciel. Car comme la che-
vre est vn animal dispos à
monter, & qui grimpe
d'ordinaire sur les ro-
chers, y sautellant à petits
bóds; les choses destinees
au globe inferieur en font
de mesme auec vne esmer-

ueillable maniere; ce qui
est aisé de remarquer aux
nuees , & dans les autres
meteores. Les enseignes
d'harmonie & d'Empire
que le Dieu Pan porte en
ses mains ne sont pas sans
vn mystere particulier.
Par la fluste à sept tuyaux
se doit entendre le cócert,
& l'harmonie des choses;
ou plustost , la concorde,
composee d'vn meslange
de contraires accords , &
causee par le mouuement
des sept estoilles errantes.
Sa houlette est grande-
ment bien appropriee, aux

voyes de la nature, qui sõt
en partie tortues & droi-
ctes: Mais sur tout ce qu'il
y a de courbé dans les parties d'enhaut monstre que
les œuures de la prouidence diuine se font dans le
monde par diuers tour-
noyemens, & qu'à telle
fois lors que nous atten-
dons le succez de quelque
affaire, nous en voyons
reüssir vne autre à laquelle
nous ne pensons nulle-
ment; comme il aduint en
la vente de Ioseph en Egy-
pte, & ainsi des autres.
Nous voyons ordinaire-
ment

ment dans les Estats Politiques, que ceux qui les
veulent gouuerner auec la
prudence requise, ont re-
cours à diuers pretextes &
à certaines voyes obliques
par le moyen desquelles
ils ne laissent pas de faire
pour le peuple tout ce
qu'ils iugent luy pouuoir
estre profitable & vtile;
ce qui nous apprend qu'il
n'est point de sceptre ny
de baston pour vn sym-
bole d'Empire, qui veritablement ne se plie & re-
courbe par le haut bout.
L'on a feint que le man-

teau de Pan estoit d'vne peau de Leopard, semé de toutes parts de petites taches, pour monstrer que le Ciel est embelly d'estoilles, la mer de diuerses Isles, & la Terre de fleurs. D'ailleurs, les choses particulieres ont accoustumé d'estre diuerses autour de la surface, qui leur sert comme de couuerture. L'office de Pan ne se pouuoit proposer ny expliquer plus au vif qu'en le faisant Dieu des Chasseurs. La raison que i'en donne est, que toute actiõ naturelle, tant

le mouuement que le pro-
grez, ne sçauroit mieux
estre comparée qu'à vne
chasse. Les Arts & les
Sciences chassent apres
leurs propres œuures, &
les desseins des hommes
ont pareillemēt leurs pre-
tensions & leur fin. Bref,
l'on peut dire à bon droict
que les actions naturelles
vont toutes à la chasse, lors
que par des moyens artifi-
cieux & subtils, elles cherchent ce qui peut conten-
ter leur goust, ensemble
les plaisirs & les delices du
corps.

Le Lyon suit le Loup, & le
Loup va chassant
La Chevre trop lascive, &c.

L'on tient que Pan est
le Dieu de tous les labou-
reurs en general, parce
que telles gens viuent
plus conformément à la
Nature, laquelle tout au
contraire est corrompue
dans les villes & à la Cour
des Grands Roys, par vn
excez de desguissemens &
d'affetteries. Ce dire du
Poëte le demonstre, lors
que parlát de la fille encore ieune & à marier, il dict,

Qu'elle a de soy la plus petite part.

Or l'on attribuë plus parti-
culiérement au Dieu Pan
le gouuernement des Mô-
taignes, parce que la Nature des choses se descouure
mieux des lieux haut-esle-
uez, que des basses vallees;
si bien que tels lieux sont
les plus propres à la contemplation. Dé dire main-
tenant que Pan soit apres
Mercure vn second Mes-
sager des Dieux, c'est vne
Allegorie toute diuine,
estant veritable qu'apres
le Verbe diuin la forme de
cét Vniuers entonne les

loüanges & les grandeurs de la Sapience diuine. Ce Canticque du Royal Prophete le tesmoigne assez.

Les Cieux vont publiant la gloire
du grand Dieu,
Et le Firmament dict, Ie suis la
Creature,
Et l'œuure de ses mains, &c.

Les Nymphes font passer le temps au Dieu Pan, c'est à dire les Ames : car les delices du monde sont les ames des viuans, & luy-mesme est leur códucteur. Nous voyons aussi que les choses suiuent leur inclination naturelle, comme leur Chef, autour duquel elles danſent l'vne apres l'autre auec vne infinië diuerſité côforme à leur propre couſtume, ſans mettre iamais aucune fin à leur mouuement. En quelque part que ſe puiſſe trãſporter cette Nature ſignifiee par le Dieu Pan, elle eſt touſiours accompagnee de Satyres & de Silenes; c'eſt à dire de la ieuneſſe & du dernier aage. Car il n'eſt rien dãs le môde qui ne ſe laiſſe fleſtrir en fin, apres auoir pouſſé les rejettons de ſa premiere vigueur : De maniere que si quelqu'vn regarde de bié prés, comme vn autre Democrite, les affections de l'vn & de l'autre aage, il les trouuera possible aussi ridicules que celles des Satyres & de Silenes. Quant à la doctrine, qui nous est proposee touchant les terreurs Panicques, elle me semble inuentee auec beaucoup de prudence : Il n'y a celuy qui ne sçache que tous les hommes en general tiennent de la Nature vne certaine crainte & apprehension de la vie ou

de

de l'essence qu'on appelle
Conseruatrice, capable d'effacer & de chasser tous les
maux qui leur peuuent
suruenir. Il est vray neantmoins que cette mesme
Nature ne sçait tenir au-
cune mediocrité, veu que
ce luy est vn ordinaire de
mesler ensemble les apprehensions profitables, &
les terreurs inutiles & vaines. C'est pourquoy si des
yeux de l'ame on pouuoit
penetrer bien auant dans
la nature des choses, on les
trouueroit toutes pleines
de telles terreurs Panic-

ques, principalement les
affaires humaines, lesquelles au temps d'affliction &
d'aduersité ne manquent
iamais d'estre fort trauail-
lees de superstition, qu'on
ne peut mieux comparer
qu'à vne terreur Panicque.
Par l'audace de Pan, qui
fut si hardy de deffier Cupidon au combat, les Poë-
tes nous ont voulu repre-
senter que la matiere a ie
ne sçay quelle inclination
& vn certain appetit à ruiner le monde, & le redui-
re à só ancien Chaos; mais
que l'extreme concorde &

vnion des chofes , deno-
tee par l'amour ou par le
Dieu Cupidon,tient cefte
violence en arreft,& la có-
traint à ne fortir hors des
bornes & de l'ordre re-
quis ; tellemét que c'eft vn
grãd bien pour les hómes
& pour les chofes du mó-
de,qu'en ce cóbat le Dieu
Pan demeure vaincu. A
cecy fe rapporte encore
ce qui aduint à Tiphon,
lors qu'il fe trouua prins
dans les rhets. Car quel-
ques grandes & extraor-
dinaires que puiffent eftre
les chofes (veu que Tiphó

signifie tumeur) soit que
la terre, les mers, & les nua-
ges viennét à s'enfler, rien
n'empesche que la Nature
n'enueloppe en des filets
indissolubles, les superflui-
tez de ces corps, & qu'elle
ne les lie comme auec vne
chaine de diamans, afin
qu'ils ne sortent hors de
leurs bornes. Pour le ré-
gard de ce qu'on attribuë
à ce Dieu, qu'allant à la
chasse le bon heur voulut
pour luy seul qu'il trou-
uast la Deesse Ceres, & que
tous les autres Dieux ne la
peurent iamais rencon-

trer quelque deuoir qu'ils
en fissent, cela contient vn
aduis grandement verita-
ble & prudent , à sçauoir
que ce n'est pas des Philosophes comme des plus
grands Dieux dont il faut
attendre l'inuention des
choses vtiles à la vie , &
bien seantes, quand mes-
me ils employeroient à cét
effect toutes les forces de
leur esprit, ains seulement
du Dieu Pan, c'est à dire
de la subtile experience &
de la cognoissance vniuerselle des choses du monde;

qui eſt vne inuention la-
quelle la pluſpart du téps
n'aduient que par accidét,
& comme en chaſſant par
maniere de dire. Par le deſ-
ſi de Pan & d'Apollon en
l'Art de Muſique, & par ce
qui en aduint, nous eſt en-
ſeignee ceſte ſalutaire doctrine, qu'il eſt impoſſible
que celuy qui a trop bon-
ne opinion de ſoy-meſ-
me, & qui ſe iette hors des
limites, puiſſe reſſerrer des
liens de ſobrieté la raiſon
& le iugement humain.
Car il faut remarquer icy
qu'il y a deux ſortes d'har-

monie ou de Muſique; l'v-
ne de la prouidéce diuine,
& l'autre de l'humaine raiſon. Le gouuernemét des
choſes du monde & les
plus ſecrets iugemens de
Dieu, ſonnent à l'entendement humain, ou pour
mieux dire, aux oreilles des
mortels, ie ne ſçay quoy
de rude & de diſcordant.
Or bien que cette igno-
rance ſoit auec beaucoup
de raiſon declaree par les
oreilles d'aſne, il eſt vray
neátmoins qu'on les por-
te ordinairement en ca-
chette, & non pas en pu-

blic ; d'où vient que le
grossier populaire ne peut
ny voir ny remarquer la
diformité de tels iugemés.
Bref il ne faut pas s'estonner si l'on a dit que le Dieu
Pan n'amoit que la Deesse
Echo, pour monstrer que
le monde ioüist de soy-
mesme & en soy de toutes
les autres choses. Et comme celuy qui aime ne desire que de iouyr, le desir n'a
point de lieu , où l'abondance se trouue : voyla
pourquoy le mode com-
me contant de soy-mesme
est sans amours, & sans de-

firs de ioüir, fi ce n'eft pof-
fible qu'il aime le Dif-
cours reprefenté par les
Nymphes, & par l'Echo,
ou, s'il eft plus exact, parSi-
ringue. Or entre les plus
excellétes parties de la parole, l'on choifit la feule
Echo pour la marier auec
le monde. Auffi eft-elle la
vraye Philofophie qui re-
pete fidelement les paro-
les de l'Vniuers, qui ef-
crit ce que fa bouche luy
dicte, & bref qui n'eftant
autre chofe qu'vne reffem-
blance & reflexion de luy-
mefme, n'y adioufte rien

du sien, & ne faict seulement que reïterer les mots
apres luy. Il appartient encore à la perfection & au
merite du monde de ne
faire aucuns enfans, estant
veritable que le monde
engendre, quant à ses parties, mais pour le regard de
son tout, comme peut-il
engendrer, si hors de luy-
mesme ne se retrouue au-
cun corps? Touchant sa fille putatiue appellee Iam-
be, c'est vne certaine addi-
tion à la fable, sagement
inuentee pour representer
les sciences qui agissent au

tour de la nature des choses, lefquelles f'eftendent
par tout en quelque téps
que ce foit; mais qui font
en effect inutiles, & comme autant d'enfans expo-
fez, ores plaifantes, à caufe
de leur babil, & quelque-
fois auffi fafcheufes & importunes.

PERSEE,
ou la Guerre.

LA fable dict que Per-
fee eut commande-
ment de la Deeffe Pallas
d'aller couper la refte à Me-

duse, qui cauſoit pluſieurs
grãds degaſts aux peuples
d'Occident és dernieres
contrees d'Eſpagne. Car
ce Monſtre eſtoit ſi felon
& ſi horrible, que par
ſa veuë il changeoit les
hommes en pierres. Or
d'autant que toutes les autres Gorgonnes eſtoient
invulnerables, & Meduſe
ſeule ſubiette à la mort,
Perſee s'appreſtât à vne ſi
genereuſe entrepriſe, re-
ceut des Dieux des armes
& des preſens. Mercure
luy donna ſes talonnieres,
Plutó ſon heaume, Pallas

son bouclier & son miroir.
Ainſi quoy qu'il fuſt aſſez
bien pourueu de forces, au
lieu d'attaquer Minerue de
plain abord, il tourna ſes
pas vers les Grees. Celles-
cy eſtoient encores ſœurs
des Gorgonnes, mais nées
d'vn autre mere; & dés leur
naiſſance venuës au mon-
de auec les rides au front,
& toutes chenues. Ces
Grees n'auoient ſeulemēt
qu'vne dent & vn œil dōt
elles ſe ſeruoient en cōm-
mun. Quand quelqu'vne
de leur trouppe vouloit
ſortir ſelon l'occurrence,

elle souloit prédre cét œil auec cette dent, & à son retour poser l'vn & l'autre. Elles presterent donc leur dét & leur œil à Persee, qui s'estimant alors bien armé s'en alla droit à Meduse pour l'assaillir. Ce luy fut vn grand aduantage de la trouuer endormie; & toutesfois la peur qu'il eust qu'elle s'esueillast luy osta l'asseurance de la regarder: De maniere que luy tournát le dos, & tenát sa veuë attachee sur le miroir de Pallas, il approcha cette Gorgonne, & luy coupa la teſte d'vn coup qu'il luy deſchargea deſſus. Du ſang de Meduſe ainſi reſpandu naſquit auſſi toſt le cheual Pegaſe ayant des aiſles ſur les deux flancs. Perſee attacha depuis le chef de Meduſe à l'Eſcu de Pallas, qui retint touſiours cette force occulte, de rendre eſperdus, & comme hors d'eux-meſmes tous ceux qui le regardoient.

Il ne faut point mettre en doute que cette fable n'ait eſté inuentee pour monſtrer la diſcretion & la prudence requiſe à faire

la guerre. Elle nous pro-
pofe trois preceptes grandement profitables & gra-
ues, ou comme venus du
confeil de Pallas, touchât
la deliberation & la refo-
lution qu'il faut prendre
en l'entreprife de quelque
faict d'armes. Le premier
eft ; qu'aucun ne fe doit
trop mettre en peine de
fubiuguer les peuples voi-
fins, attendu qu'il y a bien
de la difference entre ac-
croiftre le patrimoine &
l'Empire. En ce qui tou-
che les particulieres pof-
feffiós, il eft certain qu'on
y peut

y peut estre induit par le
facile accez des terres voi-
sines. Mais quand il est
questiõ d'eslargir les bornes d'vn Empire, il faut
auoir plus d'esgard au profit qui en reuient, & à l'occasion de faire la guerre,
que non pas aux confins,
quelques proches qu'ils
puissent estre. Ainsi les Romains s'estoient à peine
ouuerts vn passage au delà
la Ligurie du costé de l'Occident, quand par la force
des armes & de leur Empi-
re, ils auoient desia iush-
ques au Mont Taurus,

G

subiugué les Prouinces de
l'Orient. Le second prece-
pte consiste à prendre vn
extreme soing, pour co-
gnoistre si les causes de faire la guerre sont honnora-
bles & iustes. C'est le vray
moyen de rendre ensem-
ble les soldats prompts à
combattre, & les subiects
tousiours prests à contri-
buer aux despenses qui
sont necessaires. Par cette
mesme voye on se donne
vne entrée aux alliances,
qui est grandement facile,
outre que plusieurs com-
moditez en reuiennent.

Or il n'y peut auoir de plus iuſte motif pour eſmouuoir vne guerre, que l'intention d'exterminer la tyrannie ſoubs laquelle le peuple gemit, deſtitué de vigueur & de force, comme ſi le regard de Meduſe l'auoit terraſſé. Le troiſieſme enſeignement ſe tire de ce qui eſt adiouſté à la fable auec vne merueilleuſe prudence, à ſçauoir que Perſee n'aſſailliſt que celle des Gorgónes (par leſquelles nous eſt repreſentee la guerre) qui eſtoit ſubiette à la mort. Cela nous ap-

prend qu'il ne faut iamais
entreprendre vne guerre,
qu'auparauant on ne sça-
che bien le moyen de l'a-
cheminer à sa fin. Aussi
Persee n'entrant point en
des esperances de si large
estenduë, & comme infi-
nies, fit prouision de tout
ce qu'il iugea necessaire
pour le duel qu'il s'en alloit entreprendre, & sem-
bla tirer la bonne fortune
auec soy : Car il fut doüé
de la vistesse de Mercure,
du profond cõseil de l'Or-
que, & de la prouidence
de Pallas. Or ie treuue en-

core fort à propos de re-
marquer que les aifles de
fa promptitude eftoient
entees à fes pieds, non à fes
efpaules, parce que la dexterité n'eft pas tant requi-
fe aux premieres entreprifes de la guerre qu'à celles
qui fuiuent ; & à la neceffi-
té de les fecourir. La plus
grande & plus ordinaire
faute qu'on puiffe faire en
matiere de guerre, aduient
lors que les pourfuittes &
les forces du fecours ne
correfpondent point à la
promptitude & dexterité
des commencemens. Bref,

le heaume de Pluton laiſſé
à part (qui ſouloit rendre
les hommes inuiſibles, ce
qui eſt vne parabole aſſez
manifeſte de ſoy) il me ſẽ-
ble que la prouidence eſt
auec beaucoup d'eſprit di-
uiſee du bouclier & du miroir: Car il ne faut pas que
l'homme ſe ſerue ſeule-
ment de cette prouidence
qui repouſſe comme vn
eſcu les coups qui luy
ſont portez, mais bien de
cette autre encore par le
moyen de laquelle, com-
me auec le miroir de Pallas
les forces, les conſeils, &

les defmarches de l'enne-
my fe mettent en euiden-
ce. C'eſt pourquoy quel-
que fort & courageux que
fut Perſee, i l recognuſt bié
qué pour entreprendre la
guerre il luy manquoit ie
ne ſçay quoy de grande
importance ; ce qui fut
cauſe qu'il s'en alla trouuer les Grees. Par celles-cy
ſon denotees les trahi-
ſons, ou les ſœurs des guerres, qui neantmoins n'ont
rien de legitime ; veu que
les guerres teſmoignent
vne grandeur de courage,
& les trahiſons vn effect

de baſſeſſe & de lacheté.
Auſſi les inquietudes & les
côtinuelles apprehenſiôs
qui accompagnent les
traiſtres, nous ſont fort
gentiment denotees par
la naiſſance de ces meſ-
mes Grees, qui vindrent
au móde chenues & vieil-
les. D'ailleurs, les forces
des traiſtres auant qu'a-
boutir à vne manifeſte rebellion, conſiſtent ou en
l'œil, ou en la dent; parce
que toute action des ſub-
jects qui ont du meſcon-
tentement & de la mau-
uaiſe volôté a cela de propre

pre de regarder de loing
& de mordre. De plus, l'v-
fage de cet œil & de ceſte
dent, ſemble eſtre com-
mũ, parce que les deſſeins
des traiſtres paſſent entre
eux, & courent de l'vn à
l'autre. Ils n'ont tous qu'v-
ne dent quand ils veulent
mordre, & chantent touſ-
jours vne meſme notte:
tellement qu'il n'en faut
ouyr qu'vn ſeul, pour ſçauoir tout ce que les autres
veulent dire. Perſee fit
donc bien de gagner ces
Grees, afin qu'elles l'ac-
commodaſſent de cet œil

& de ceste dent : de l'œil
pour espier de loing; & de
la dent, afin de semer de
faux bruits , de causer des
inimitiez , & d'irriter les
courages des hommes.
Apres tous ces preparatifs
s'ensuiuit l'action militai-
re, pour l'execution de laquelle il trouua Minerue
endormie: ce qui nous ap-
prend qu'vn guerrier bien
aduisé doit prendre son
ennemy au despourueu, &
sur le poinct qu'il se deffie
le moins, quand il se pense
plus asseuré. C'est alors
que le miroir de Pallas luy

est grandement necessai-
re, parce que plusieurs,
auant que s'engager aux
dangers, peuuent auec at-
tention & subtilité pene-
trer dans les resolutions
de l'ennemy. Mais l'vsage
de ce miroir est principalement requis à l'instant
de ce mesme peril, afin de
voir l'estat du danger, &
de ne se laisser esblouyr à
la crainte ; ce qui nous est
figuré par le regard de Persee destourné du chef de
Meduse. La guerre estant
ainsi mise à fin, deux principaux effects s'en ensui-

uent Le premier eſt la generation ou la naiſſance
de Pegaſe, qui eſt vn ſym-
bole aſſez euident de la
Renommee, qui vole de
toutes parts & s'en va publiant les loüanges de la
victoire. Le ſecond de-
pend de la teſte de Me-
duſe attachee au bouclier
de Pallas, qui eſt vn eſpece de ſecours ſi excellent,
qu'il n'a point ſon pareil;
eſtant veritable qu'vne ſi-
gnalee entrepriſe, & vn
memorable faict d'armes
heureuſement conduit à
ſa fin, ſuffiſent enſemble

pour tenir en arreſt tous
les deſordres des ennemis,
& pour rendre la mal-
ueillance aſſoupie.

ENDIMION,
ou, le Fauorit.
VIII.

L'ON dit que la Lune
amoureuſe du berger
Endimion vſoit d'vne
plaiſante inuention pour
le voir : car s'eſtát aduiſee
qu'il repoſoit d'ordinaire
en vne certaine grote que
la Nature auoit taillee dás
les rochers Latmiens, elle
deſcendoit duCiel à diuer-

ses fois, puis y remontoit apres auoir donné maints baisers à son fidele Berger. Cependant tant s'en faut que ce repos, ou ceste oysiueté luy fust dommageable, qu'au contraire la Lune augmétoit ses troupeaux & les engraissoit, si bien que ceux des autres Bergers n'estoient ny si beaux ny en si grand nombre que les siens.

Par cette fable nous sont figurez les deportemens des Princes ; lesquels chargez de soing & enclins à la desfiance ne re-

çoiuent pas ſi facilement
en leur entretien familier
des hómes trop vigilans,
que ceux qui ſont d'vn
naturel tranquille, & qui
ſ'accommodans à tout ce
que le Prince veut n'en re-
cherchét point plus auant
les cauſes ; tellement qu'ils
viuent auec leur maiſtre,
cóme s'ils eſtoient endor-
mis, & priuez de toute cognoiſſance, ſe monſtrans
pluſtoſt obeiſſás que trop
pointilleux en cóplimens.
Auec telles gens les Princes ſe raualent de leur Majeſté, comme la Lune de ſó

Ciel, & sans auoir esgard
à leur personne, (car ce
leur est vne maniere de
fardeau, de paroistre tous-
jours serieux) ils ont accoustumé de s'entretenir
familieremét auec eux, bié
asseurez de le pouuoir faire. Il n'y eust iamais Prince
plus difficile à contenter
que Tibere, en qui l'on
remarqua particulieremét
que ses plus gráds fauorits
estoient ceux qui sçauoiét
dissimuler ses deportemés
ordinaires, & faire les en-
dormis, bien qu'ils en eussent vne vraye & entiere

cognoiſſance. Cette façon
de viure eſtoit encore familiere à Loys vnzieſme
Roy de France, Prince
fort accort, & qui ſçauoit
eſplucher les choſes d'vn
bout à l'autre. Or ce n'eſt
pas ſans ſujeƈt que la fable met en auant la grotte
d'Endimion , pour mon-
ſtrer que ceux à qui les
Princes teſmoignent des
affeƈtions particulieres
ont accouſtumé d'auoir
certaines retraittes delicieuſes qui les inuitent au
repos & à s'y deſcharger
de leurs plus ſerieuſes affai-

faires. Ceux qui sçauent viure de la forte ne peuuét manquer de s'aduancer en fortune : car s'il aduient que le Prince ne les efleue point aux honneurs, cela n'empefche point que les aimant d'vne veritable affection , pluftoft que pour l'intereft particulier, il ne les comble de richeffes.

LA SOEVR DES Geants, ou, la Renommee.

IX.

LEs Poëtes ra content que les Geants furent si hardis que de faire la guerre à Iupiter & aux autres Dieux, qui les veinquirent, & les escarterent à coups de foudre : Là dessus ils disent que la terre irritée contre les Dieux pour auoir mal traitté ses enfans, s'en voulut venger,

& qu'à cet effet elle mit au monde la Renommee derniere sœur des Geants.

M. le Car. du Per-ron.

La terre aux larges flancs qui tout germe & conçoit
Pour le sang de ses fils, dont son sang rougissoit
D'ire contre les Dieux & de fureur poussee,
Digne & derniere sœur d'Encela-de & de Cee,
L'enfanta, comme on dict, aux pieds prompts & dispos,
Et dont les aisles n'ont besoin d'aucun repos.

Le but de ceste fable semble estre tel. Par la Terre les Poëtes ont voulu donner à cognoistre le naturel du vil populaire. Ce

monftre ne ceffe iamais de
s'enfler en audace contre
ceux qui ont puiffance fur
luy, ny d'auoir de nou-
ueaux defirs qui le por-
tent aux factions. Ce qui
eft caufe qu'aux premieres
occafions qui fe prefentét
il enfante auffi toft des
Rebelles & Seditieux, qui
font bien fi mefchás & fi
effrontez que de confpi-
rer contre leurs propres
Princes, auec intention de
les abatre du tout. Cependant s'il aduient que tels
mutins foient desfaits, de
mefme naturel du menu

peuple en produit d'autres
encore pires. C'est alors
que se descouurant tout à
faict ennemy de la tran-
quilité du public, il engendre de mauuais bruits &
les seme de toutes parts.
Durant ce desordre l'on
n'entend parler d'autre
chose que de murmures
malings & secrets, de nouuelles malencontreuses,
de libelles diffamatoires,
& de choses semblables,
afin de rendre plus odieux
ceux qui gouuernent l'E-
stat. Par où l'on peut voir
que les actions des Rebel-

les, & les bruits tédás à fe-
dition ne differét ny d'extraction ny de genealogie,
mais feulement de fexe ;
celles-cy eftans comme fe-
melles, & ces autres pou-
uans eftre appellez mafles.

ACTEON,
&
PENTEE,
ou, le Curieux.

X.

LA curiofité des hom-
mes à rechercher auec
paffion les chofes fecret-
tes, peut eftre tenuë en ar-

reſt par la conſideration
de ces deux exemples an-
ciens, l'vn d'Acteon, &
l'autre de Pentee. Acteon
ayant veu de cas fortuit
la chaſtereſſe Diane toute
nuë, fut transformé en
Cerf, & deſchiré par ſes
propres chiens. Quant à
Pentee, pour eſtre monté
ſur vn arbre auec inten-
tion de regarder les ſacri-
fices de Bacchus qui ſe faiſoient en ſecret, il deuint ſi
hors de ſoy-meſme & ſi
tranſporté, qu'il luy ſem-
bloit que toutes choſes
fuſſent doubles; tellement
qu'il

qu'il croyoit voir deux Soleils & deux Thebes, dont
l'vne le faisoit courir vers
l'autre, & rebrousser chemin pour en approcher:
par ainsi quelque part qu'il
se tournast, il n'auoit iamais de repos.

Ainsi l'insensé Pentee
Voit les Infernales sœurs,
Et les flambeaux punisseurs
De leur troupe reuoltee.
Il voit deux Thebes paroi-
stre,
Et deux Soleils radieux
Se descouurans à ses yeux
Luy semblent leur flamme
accroistre.

I i

La premiere de ces fables se rapporte aux secrets des Princes, & l'autre à ceux de Dieu. Car il est hors de doute que les subiects qui n'estans admis aux secrets de leurs Souuerains cherchent à les descouurir contre la volonté de leurs Maistres, se rendent en fin odieux. Ce qui est cause que s'asseurans d'estre mal traittez, comme ils voyent qu'on cherche de toutes parts les occasions de leur nuire, ils viuent en Cerfs, c'est à dire pleins de soup-çós & d'inquietudes. Aussi la plusspart du temps il ar-

riue qu'ils font accufez &
ruinez par leurs propres
domeftiques, qui les decla-
rent aux Princes, pour fe
mettre bien auprés d'eux:
car où l'offence du Prince
eft manifefte, en tel cas les
feruiteurs font autant de
traiftres; & par ainfi tels
curieux font fort fubiets à
finir comme le pauure
Acteon.

Quant à la difgrace de
Pentee, elle fut differente:
car les hommes qui font fi
mal-aduifez de ne fe fouue-
nir pas que la Nature les a
fait naiftre mortels, fe pro-

mettét d'atteindre iusques
aux mysteres diuins, par
les hauts degrez de la Nature & de la Philosophie;
côme s'ils estoient montez
sur vn arbre : Ce qui est
cause que pour punitió de
leur trop haute curiosité,
l'inconstance, & l'incerti-
tude ne les abandonnent
iamais. La grâde difference qui se treuue entre la lumiere de la Nature & celle
d'enhaut, fait qu'ils ne
peuuent discerner les choses, & qu'il leur semble
voir deux Soleils. D'ail-
leurs, comme les actions

de la vie & l'election de la
volonté depédent de l'en-
tendement ; il s'enfuit encore que non moins en la
volonté mesme qu'en l'o-
pinion , ils ne cessent de
chanceler, côme changeãs
de vouloir à tout coup , &
que de cette façon ils
voyent deux villes de
Thebes qui nous figu-
rent la fin & les bornes
dés actions , parce que
Pentee auoit à Thebes sa
maison & son lieu de re-
traitte. De là vient enfin
que ceux-cy ne sçauent où
aller , & que leur dessein

n'ayāt point de but, ils ſe
treuuét comme agitez de
vagues , & trauaillez en
particulier des ſoudaines
ſaillies de leur eſprit, qui
les roulent & les trauer-
ſent de toutes parts.

ORPHEE,
ou, la Philoſophie.

XI.

LA fable qu'on a pu-
blice d'Orphee , qui
n'a iamais eſté fidelement
expliquee, nous figure la
reſſemblance de toute la
Philoſophie. Car la per-

fonne d'Orphee (homme
merueilleux & vrayement
diuin, fi excellét en l'art de
bié cháter, que par la douceur de fon harmonie il at-
tiroit à foy toutes chofes)
eft capable de nous con-
duire à la defcription de la
Philofophie, par vn che-
min grandement faci-
le, eftant veritable que les
trauaux de luy-mefme fur-
paffent en merite les fatigues d'Hercule; tout ainfi
que les effects de la fagef-
fe gaignét le deffus à ceux
de la force. Orphee ai-
moit tellement fa femme,

que la mort l'ayant rauie
au plus beau de ſon aage,
la grande confiance qu'il
auoit en la douceur de ſa
Lyre, luy fit entreprendre
de s'en aller aux Enfers, eſ-
perant que par ſes prieres
il flechiroit à pitié les Ombres ; comme en effect ſon
eſperance eut le ſuccez
qu'il ſe promettoit. Car
les ayant appaiſees & ad-
doucies par les charmes de
ſa voix & de ſa lyre, il fit ſi
bien qu'il luy fut permis
de reprendre ſa femme, &
la ramener ; auec condi-
tion neantmoins qu'elle
mar-

marcheroit la derniere, &
que luy ne regarderoit iamais derriere foy, qu'il ne
fuft iouïffant de la lumiere
diuine. Il s'en falloit fort
peu qu'il ne fuft hors de
tout danger, quand l'im-
patience de fon amour, &
l'inquietude où il eftoit,
luy firent rompre fa pro-
meffe ; & ainfi fa femme
tumba derechef aux En-
fers. Le regret qu'en euft
Orphee fut fi grand, que
depuis il ne voulut plus
ouïr parler d'aucune fem-
me, & fe retira dans les fo-
litudes. Ce fut là que par

les charmes de sa lyre, & de sa belle voix, il peut si bien attirer à soy toutes sortes de bestes, que se despoüillans de leur naturel sauuage, sans se laisser plus emporter à la felonnie, ny aux aiguillons de leurs furieuses brutalitez, ny au gourmand appetit de se faouler, & de courir apres la curee ; elles l'enuironnoient cóme en vn Theatre, & n'auoient de l'attention que pour ouyr la melodie de cette lyre, qui les appriuoisoit de la sorte. Disons encore que cette Muſique auoit tant de pouuoir & de force, qu'el-le eſbranloit hors de leurs fondemens naturels les montagnes & les foreſts, qui ſe tranſportoient de leurs places pour l'entou-rer auec vn merueilleux ordre. Il fut quelque rēps à voir auec admiration l'heureux ſuccez de ces prodiges, lors qu'il aduint finalement que les fem-mes de Thrace eſpriſes & forcenees des furieux ai-guillõs du Dieu Bacchus, ſe mirent à faire vn bruit ſi horrible auec leurs cornets enroüez, qu'il ne fut plus poſſible d'ouïr la Muſique d'Orphee. Par ainſi toute cette force, qui eſtoit comme le lien de cet ordre venant à ſe rompre; la côfuſion s'y meſla tout auſſi toſt : de ſorte que les animaux retournãs à leur naturel ſauuage, ſe firent la guerre l'vn à l'autre cô-me auparauant, outre que les rochers & les foreſts re-prirent leurs premieres places : bref Orphee meſ-me fut mis en pieces par ces forcennees, qui en ſe-merent les membres par la

campagne: Helicon, fleu-
ue consacré aux Muses,
s'attrista de telle sorte de
cette mort, que du regret
qu'il en eut, il cacha son
onde és lieux sousterrains,
puis il en fit derechef re-
jallir la source par vn autre
endroict.

L'intention de cette fa-
ble me semble estre telle.
La Musique d'Orphee
eust ces deux proprietez
d'appaiser les Enfers, &
d'attirer à soy les bestes
sauuages & les forests: l'vn
se peut raporter fort à propos à la Philosophie natu-

relle, l'autre à la Morale &
à la Ciuile. Car pour en
parler veritablement , la
plus excellente œuure de
la Philosophie Naturelle
consiste à sçauoir rendre à
vn corps sa premiere for-
me, apres l'auoir comme
renouuellé, en le purgeant
de toute matiere corrupti-
ble, & terrestre : & pareil-
lemét (ce qui semble estre
le moindre degré des ope-
rations naturelles) à conseruer ce mesme corps en
estat, & en retarder la dis-
solution & la putrefa-
ction. Or presupposant

qu'il y ait moyen de le faire, il est impossible d'en
voir l'effect autrement,
qu'en y procedant par la
voye des temperamens
que la Nature requiert,
comme par la parfaicte
harmonie d'vne lyre &
par vn concert accomply.
Que si la chose semble
trop dificile de soy, la principale raison pour laquelle on n'en vient point à
bout la pluspart du temps
ne procede, comme il est
vray semblable, que d'vn
soing trop curieux & hors
de saisõ, qui se ioinct à vn

excez d'impatience. Doncques la Philosophie s'at-
tristant auec beaucoup de raison de ne pouuoir suffire à vn tel effect, se tour-
ne du costé des choses humaines, & par le moyen
des persuasions : & de la
force de l'eloquence, di-
stillant dans les courages
des hômes l'amour de la
vertu, de la paix, & de l'e-
quité, elle fait que les peuples s'vnissent tous en vn
corps, qu'ils reçoiuét tres-
volôtiers le joug des loix,
& que se soubmettans à
l'Empire ils oublient en-

tierement leurs affections
indomptees en escoutant
les preceptes de la discipli-
ne, ausquels ils rendent
obeïssãce. De cette vnion
de volõtez il s'ensuit enfin
qu'ils se bastissent des villes & des maisons, que les
campagnes font labou-
rees, les jardins cultiuez, &
embellis d'arbres fruitiers
qu'on y plante. Suiuant
quoy la fable n'a pas feint
hors de propos que les
rochers & les bois estoient
trãsportez ensemble hors
de leur lieu naturel par
l'harmonieuse lyre d'Or-

phce. Or c'eſt auec vn
fort bon ordre accompa-
gné d'vne excellente in-
uétion, que le ſoin des choſes ciuiles ſuit apres le vain
effort qu'on a faict de renouueller le corps hu-
main, & de le maintenir
touſiours en vne parfaite
ſanté. Et voila pourquoy
l'ineuitable neceſſité de la
mort, qui ne ſe faict que
trop cognoiſtre par ſes effects, inſpire dans les courages des hommes vn ar-
dent deſir de ſe mettre en
honneur par leurs meri-
tes, & par le moyen d'vne

louable reputation. Da-
uantage la fable n'adiou-
ste pas sans suject, qu'Orphee ayant perdu son Es-
pouse, quitta les femmes
& le mariage, parce que
les plaisirs des nopces, &
l'amour des enfans de-
stournent les hommes des
choses grandes , & des
plus sublimes merites en-
uers la patrie, lors qu'ils se
contentent de chercher
l'immortalité dans vne lô-
gue suite d'enfãs, plustost
que de l'acquerir eux-mesmes par leurs beaux faits.
Adioustós à cecy qu'écore

que les œuures de la
Sageſſe paroiſſent le plus
entre les choſes humaines,
elles ne laiſſent pas d'eſtre
encloſes dans leurs limi-
tes: Car il aduient ſouuent
qu'apres que les Royau-
mes & les Eſtats ont eſté
bié fleuriſſans durát quelque temps, ils ſe treuuent
finalement expoſez aux
cótraires orages des troubles, des ſeditions & des
guerres. C'eſt alors que
dans ces deſordres les loix
deuiénét muettes d'abord,
& que les hommes retour-
nent au premier train de

leurs peruerſes inclinatiós;
alors diſie, l'on ne voit que
degaſts & ruines, tant parmy les champs que dãs les
Citez.   Que s'il aduient
que telles fureurs ſoiét de
trop longue duree , il eſt
certain que la Philoſophie
meſme & les bonnes let-
tres ſont auſſi-toſt deſ-
membrees , de maniere
que ſ'il en reſte quelque
eſchantillon en fort peu
d'ondroicts, c'eſt comme
vñe table qui ſe trouue
apres le naufrage. En vne
deplorable ſaiſon, la Bar-
barie eſt ſi auant intro-

duite au monde, que les eaux d'Helicon cachent foubs la terre leurs viues fources, iufqu'à ce qu'apres la reuolutió ordinaire des chofes, elles rejaillifsét derechef, & s'efpandent parmy d'autres peuples.

LE CIEL,
ou, l'Origine.
XII.

LEs Poëtes difent que le Ciel eft le plus ancien de tous les Dieux, & que fon fils Saturne l'ayát chaftré d'vn coup de fa faulx engédra depuis vne

dógue fuitte d'enfans que
luy mefme deuora: Mais
qu'vn feul Iupiter efchap-
pé de ce vacarme & deue-
nu grand, cháffa dans les
Enfers fon pere Saturne,
& luy ofta fon Royaume,
outre qu'il luy coupa les
genitoires de la mefme
faulx d'ont il auoit abattu
ceux du Ciel fon pere, &
les ietta dans la mer, d'où
nafquift Venus la mere
d'Amour. Iupiter eftoit à
peine eftably en fon Roy-
aume quand il euft deux
guerres fanglátes : La premiere fut contre les Ti-
tans, en laquelle il fe feruit

grandement du secours
du Soleil, qui seul d'en-
tr'eux fauorisoit le party
de luy-mesme. La seconde
contre les Geants, qui furent encore exterminez
& domptez par les armes
de Iupiter, lequel resta par
ce moyen paisible posses-
seur de son Royaume.

I'appelle cette fable vn
vray Enigme de l'origine
des choses, qui ne differe
pas beaucoup de cette es-
pece de Philosophie que
Democrite retint depuis.
Cestuicy fut le seul de to⁹
les anciẽs, qui sceut mieux
esclair-

esclaircir l'eternité de la
matiere , mais qui neant-
moins nia l'eternele duree
du monde: En quoy il ap-
proche en certaine façon
de la narratió de la saincte
Escriture, qui met la ma-
tiere informe auant les
œuures des six iours de la
creation. Cette fable nous
apprend que le Ciel est ce
circuit ou cette concauité
qui contient en soy la matiere; que Saturne est cette
mesme matiere, qui oste à
son pere tout moyen d'en-
gédrer, parce que la quantité de la matiere est tous-

L.

jours la mesme, la Nature
ne pouuant ny croiſtre ny
diminuer en ſa quantité
ſuſdite; que les agitations
& les mouuemens de la
matiere ont produict pre-
mieremét les conióctions
des choſes imparfaictes
& mal vnies: mais que la
ſucceſſió du temps a don-
né naiſſance à ce baſtimét,
enſemble le moyen de de-
fendre & de conſeruer ſa
forme. C'eſt pourquoy
par le Royaume de Satur-
ne nous eſt denotee la premiere diſtribution de l'E-
ternité, tout ainſi que luy-

mesme fut dit auoir de-
uoré ses propres enfans, à
cause des ordinaires disso-
lutiós des choses & de leur
peu de duree. La seconde
distribution de l'Eternité
s'entend par le Royaume
de Iupiter , qui chassa
dans le Tartare ces con-
tinuelles & passageres reuolutions. Le Tartare,ou
l'Enfer denote les trou-
bles, & semble signifier
l'espace qui est au milieu,à
sçauoir entre la plus basse
partie du Ciel , & les inte-
rieures parties de la terre,
dans lequel espace princi-

palement les troubles, la
fragilité, la mort, ou les
corruptions se retrouuēt.
D'ailleurs, quand on dit
que durant cette premiere
generation des choses ad-
uenuë soubs le regne de
Saturne, Venus n'estoit
point encore née, c'est
pour monstrer que lors
qu'en la generalité de la
matiere, le discord gai-
gnoit le dessus, & surpas-
soit l'vnion en puissance, il
falloit de necessité que la
reuolution ou le change-
ment se fit par tout, & ce
en l'edifice du monde: Tel-

les furent dócques les generations des choses, auāt
que Saturne fust mutilé.
Mais cette maniere de ge-
neration venant à cesser, il
en succeda tout aussi tost
vne autre à sa place, qui se
fit par le moyen de Venus,
lors que l'vnion des cho-
ses eust pris son accroissement, & gaigné l'aduan-
tage sur le discord ; si bien
que le changemét ne pro-
ceda que par les parties, la
fabrique vniuersolle de-
meurant ferme & en son
entier. Aussi Saturne fut
bien chassé de son Royau-

me , mais non pas mis à
mort , parce qu'on eust
opinion que le monde
pouuoit recheoir en son
ancienne confusion & dãs
les interregnes. Le Poëte
Lucrece prioit les Dieux
que telle chose n'aduint
de son temps, quand il di-
soit;

Que le sort en cette saison,
Chasse de nous ce malencõtre,
Nous l'apprenãt par la raisõ,
Plustost que l'effet no⁹ le mõstre.

Ils disent encore qu'apres
que le monde se fut arre-
sté par sa propre force, cette tranquilité n'aduint

pas à mesme temps, mais qu'aux Regions celestes s'enfuiuirent premiere-ment des mouuemens remarquables, qui par la force du Soleil, lequel tient le premier rang entre les corps celestes, furent si bien arrestez, que depuis le monde se conser-ua tousiours en estat. A quoy ils adioustent qu'en ces premiers commence-mens, aduindrent és par-ties inferieures des debor-demens, des tempestes, des vents, & des tremblemens de terre vniuersels, qui ne

furent pas si tost dissipez,
que l'vnion des choses en
fut plus calme, & de plus
longue duree. Mais pour
moy, c'est mõ opiniõ que
on peut veritablemét affir-
mer l'vn & l'autre de cette
fable , à sçauoir qu'elle
comprend en soy la Phi-
losophie, & que la Philo-
sophie contient la fable.
Il est vray que la Foy nous
apprend que ces choses ne
sont proprement que les
oracles du sens, qui ja de
long temps ont cessé, estãt
veritable que la matie-
re ensemble & l'edifice

du

du monde ne se doiuent
rapporter qu'à Dieu seul,
qui en est le souuerain
Createur.

PROTEE,
ou, la Matiere.

XIII.

LE vieillard Protee, cō-
me disent les Poëtes,
seruit de Berger à Neptu-
ne, & fut appellé trois fois
tres-grand, pour la mer-
ueilleuse cognoissāce qu'il
auoit de l'aduenir; car il né
predisoit pas seulement le

M

futur, mais encore le paſſé
& le preſent: de maniere
qu’outre ſa grande intelligence en l’art de deuiner, il
eſtoit cóme Ambaſſadeur
& interprete de maints ſecrets & de toute l’antiquité. Son ordinaire ſejour
eſtoit dans vne grande cauerne, où il auoit accou-
ſtumé de conter ſur le midy ſes troupeaux de bale-
nes, & de s’endormir là
deſſus. Ceux qui ſe vou-
loiét ſeruir de luy en quelque choſe, n’en pouuoient
venir à bout autrement,
qu’en le liant eſtroictemét

par les bras: Alors comme il se voyoit enchesné, pour se despestrer plus facilement, il auoit accoustumé de prendre toutes sortes de formes émerueillables, & de se transmuer ores en feu, tantost en riuiere, & maintenant en beste sauuage; iusqu'à ce qu'en fin il reprenoit sa premiere forme.

Le sens de ceste feinte Poëtique semble toucher les secrets de la Nature, & les conditions de la Matiere. Soubs la personne de Protee est denotee cefte mefme matiere, qui eft la chofe la plus ancienne apres Dieu. Elle fait fa demeure en la concauité du Ciel, comme dans vne cauerne, & fert le Dieu Neptune, parce que toute action & tout compartiment de la Matiere f'exerce principalement dans les chofes liquides. Par les troupeaux de Protee font figurees les ordinaires efpeces des animaux, des plantes & des metaux ; où la matiere f'efpãd & fe cõferue de telle forte, qu'ayãt vne fois acheué de former

ſes eſpeces, & fait ce qui
eſt de ſon deuoir, l'on di-
roit par apres qu'elle dort
& ſe repoſe, ſans faire
le moindre effort de s'ap-
preſter à la procreation
d'aucune autre eſpece : &
c'eſt ce qui nous eſt figuré
par le conte que fait Protee de ſes troupeaux auant
que dormir. A quoy il ne
s'amuſe ny au matin ny au
ſoir, mais en plein midy,
parce que la generation
& la corruption des cho-
ſes ne ſe font iamais qu'en
leur ſaiſon legitime, &
lors que de la matiere bié

preparee & difposee com-
me il faut fe produifent les
efpeces des chofes.   Or ce
temps doit tenir vn milieu
entre les premiers principes des chofes & la derniere vieilleffe d'elles - mefmes ; tel qu'il fut en la premiere creation de chaque
efpece, comme la faincte
Efcriture nous l'apprend:
Car par la vertu de cefte
parole de Dieu, *Producat,*
la matiere obeyt auffi toft
au commãdement de fon
Createur, fans fuiure fes
circulations ordinaires ; fi
bien que tout à coup il fe

mit à reduire en acte ſes œuures, & fit l'eſpece. La fable de Protee libre & deſlié auec ſon beſtail eſtend iuſques icy ſa narration, & nous monſtre que l'vniuerſelle generalité des choſes auec ſa fabrique & ſa tiſſure ordinaire eſt la face de la matiere, qui n'eſtant ny liee ny reſſerree ſe peut mettre au rang des choſes appellees des Latins *Materiata*. Toutesfois s'il aduient qu'vn eſprit qui excelle en la cognoiſſance des ſecrets de la nature, la trauaille & la

violente elle-mesme en
quelque façon, comme
auec dessein de la reduire
à neant (ce qui ne peut aduenir que par la toute-
puissance de Dieu) c'est
alors que se trouuant re-
duitte à ceste extremité, elle se transforme & se change en maintes transmuta-
tions & ressemblances de
choses, qui sont vraye-
ment admirables, iusqu'à
ce qu'en fin ayant faict
son tour, & paruenuë à sa
periode, elle est sur le
poinct de retourner en
son premier estat, si la vio-

lence fatale va cótinuant.
Alors le moyen de lier
eſtroittement la matiere
ſera plus aiſé, ſi on l'eſ-
treint par les bras, c'eſt à
dire par les extremitez.
Pour le regard de ce que
la fable adiouſte de Pro-
tee, qu'il fut vn excellent
Deuin, & qu'il euſt la cognoiſſance de to" les trois
temps, qui ſont le paſſé, le
preſent, & l'aduenir, cela
ſe rapporte encore fort
bien à la matiere. Car pour
auoir vne parfaicte co-
gnoiſſance des proprietez,
& du progrés d'elle-meſ-

me, il faut de neceſſité có-
prendre enſemble le prin-
cipal acte des choſes, qui
ont eſté deſia faictes, qui
ſe font, & qui ſe feront,
bien que ceſte cognoiſſance ne s'eſtende point à
chaque partie en ſon par-
ticulier.

MEMNON,
ou l'Auorton.
XIIII.

LEs Poëtes ont feint
que Memnon fils de
l'Aurore, ſignalé par ſes
beaux faicts d'armes, &

par la grande eſtime que
tout le monde faiſoit de
luy, s'en alla courageuſe-
ment à la guerre de Troye,
où plein d'vne fougue de
ieuneſſe, & d'vne ardeur
trop precipitee de s'acquerir de l'honneur en com-
battant, il oſa bien desfier
Achille le plus valeureux
des Grecs, de la main du-
quel il mourut. Comme
on faiſoit ſes funerailles,
l'on tient que Iupiter touché de compaſſion de la
mort de ce ieune Guerrier,
fit paroiſtre à ſon honneur
certains oiſeaux qui la-

mentoient ceste perte par leurs chants funebres & tristes. L'on dict encore que la statuë de Memnon frappee des rayons du Soleil leuant, auoit ceste proprieté de faire oüyr ie ne sçay quelle voix lamentable.

Ceste fable se peut entendre de plusieurs ieunes hómes desquels on se promet de grandes choses qui s'auortent tout à coup, & lors qu'on y pése le moins par des accidens mortels & tragiques. Ceux-cy cóme fils de l'Aurore, enflez

par la beauté des choses
exterieures & vaines, osent
par dessus leurs forces, &
desfient des Heros au cō-
bat; de sorte que la partie
n'estant pas égale, ils y laiſſent la vie, bien que par vn
excés de courage. Cepen-
dant, il n'eſt celuy que le
regret de leur mort ne touche bien auant dans le
cœur; parce que de toutes
les diſgraces des mortels,
il n'en eſt point de plus deplorable, ny de plus ſenſi-
ble à la compaſſion, que
celle qui nous fait voir la
fleur de la vertu couppee

auant qu'eftre efclofe. Car
ce premier aage n'ayant
pas efté de fi longue durce
qu'il ait peu engendrer de
l'ennuy, de l'enuie, ou de la
haine, & par ainfi appor-
ter de l'allegemét au dueil
de la mort, ou du moins
moderer la compaffion;
de là vient que les gemif-
femés & les plaintes com-
parees à des oyfeaux fune-
ftes, ne volent pas feulement autour du tombeau
de ces ieunes Guerriers,
mais que le regret qui s'en
enfuit n'eft pas fi toft effa-
cé. Ce qui aduient princi-

palement en certaines oc-
caſions, enſemble és mou-
uemens nouueaux, & en
la naiſſance des choſes
grandes ; par où comme
par les rayons du Soleil
leuant ceſte perte ſe re-
nouuelle auec vne deplo-
rable memoire.

TITON,
ou, l'Aſſouuiſſement.
XV.

IE trouue excellente la
fable de Titon, qui dit
que l'Aurore en eſtant

amoureuſe, & deſirât d'en auoir vne perpetuelle iouyſſance, demâda ceſte grace à Iupiter, que ce ſien Amant fuſt inuincible aux traicts de la mort. Mais l'imprudence de ſon ſexe luy fit oublier d'adiouſter à ſa requeſte, que luy meſme euſt à viure à iamais exempt des langueurs du dernier aage. Par ainſi le meſme deſtin qui affranchit Titon des loix de la mort, n'empeſcha point qu'vne ennuyeuſe & miſerable vieilleſſe ne le ſurprit: Comme en effect il

ne

ne peut arriuer autrement
qu'vn homme deſtiné à
ne mourir pas ne reſſente
en fin les foibleſſes de cet
aage qui s'appeſantit de
iour en iour. Auſſi cela fut
cauſe que Iupiter eſmeu
de la fortune de ce Miſerable, le conuertit en Cigale.

Ceſte fable eſt vn inge-
nieux crayon & vne veri-
table deſcription de la Volupté, laquelle ſemble ſi
delicieuſe en ſon Aurore,
que les hômes voudroient
volontiers qu'elle fuſt in-
ſeparable d'auec eux. Ce-
pendant ils ne ſe ſouuien-

nent pas qu'ils peuuent en y penſant le moins, eſtre ſurpris d'vn certain de-gouſt d'elle-meſme, comme d'vne triſte vieilleſſe. De là vient en fin que l'hôme priué de tout plaiſir par l'vſage du ſentimét, & n'ayant rien de vif en ſoy que le deſir & l'affe-ction, ne fait ſeulement que criailler, comme la Ci-gale, ne prenant plaiſir qu'à racôter le bon temps qu'il s'eſt donné durant ſa ieuneſſe. Cela ſe remarque aſſez ſouuent aux cham-pions de Venus & de

Mars, dont les vns ont
touſiours à la bouche des
contes laſcifs; les autres les
ſtratagemes de guerre par
eux faits autresfois, & dõt
ils entretiennent les eſcou-
tans: pareils aux Cigales,
la vigueur deſquelles ſe re-
ſout toute en bruit & en
voix.

L'AMOVREVX

DE IVNON,
ou, la Vergongne.
XVI.

Les Poëtes ont feint
que Iupiter voulant

auoir ioüyſſance de ſes amours, prit pluſieurs & diuerſes formes, comme de Taureau, d'Aigle, de Cigne, de pluye d'or, & ainſi des autres; mais que voulant deſbaucher Iunon, il ſe reueſtit d'vne forme tout à faiᴄt abieᴄte & ridicule, à ſçauoir d'vn miſerable Coucu, tout baigné de pluye, tremblottant, & à demy mort.

Ceſte fable eſt grandement prudéte, & tiree des façons de faire qui ſont ordinaires aux hommes. Le ſens en eſt tel, Que les

hommes ne doiuét iamais
auoir si bonne opinion
d'eux-mesmes, de s'imagi-
ner que la móstre de leurs
vertus les puisse mettre en
honneur, & aux bonnes
graces de tous. Car telle
chose ne reüssit que selon
le naturel & l'humeur de
ceux qu'ils courtisent.
Que s'il se rencontre que
telles gens n'ayent rien de
recommãdable, & qui les
esleue par dessus le com-
mun, ains tout au contraire qu'ils soient d'vn naturel altier & maling (ce qui
nous est representé soubs

la figure de Iunon) que les
Pretédans sçachent qu'en
tel cas il faut que ioüans
vn autre personnage, ils se
despoüillent de tout ce
qui a le moindre eschan-
tillon d'honneur & d'hon-
nesteté. S'ils font autrement, qu'ils s'asseurent
que leur prudence ne leur
seruira pas beaucoup. Ie
dis bien dauantage, c'est
qu'estans à la suitte de ces
gens-là, il ne leur suffira
pas de se raualler à quelque acte lasche de seruitu-
de, s'ils ne se transforment
entierement en vne per-
sonne vile & abiecte.

CVPIDON,
ou, l'Atome.

XVII.

LEs choses que les Poë-tes racontent de l'A-mour ou de Cupidon, ne peuuent estre toutes appropriees à vne seule personne. Et toutesfois si elles sont differentes, c'est de telle sorte, que bien qu'on rejette la confusion des personnes, l'on ne laisse pas d'en retenir la semblance. Ils disent donc

qu'Amour eſt le plus an-
cien de tous les Dieux, &
par conſequent de toute
autre choſe , horſmis le
Chaos, auec lequel ils le
font contemporain, quoy
que les Anciens ne l'ayent
iamais honoré de tiltres
diuins, ou du nom de
Dieu. L'on ne luy donne
ny pere ny mere, ſi ce n'eſt
que quelques-vns le font
enfant de la Nuict. Mais
ce fut luy meſme qui du
Chaos engédra les Dieux,
& toutes les autres choſes
du monde. Les proprietez
qu'on luy attribuë ſont

quatre,

quatre, à sçauoir d'estre
tousiours Enfant, Aueu-
gle, Nud, & Archer. Ils
mettent encore vn autre
Amour, qui est fils de Venus, & le plus ieune de
tous les Dieux. A celuy-là
se donnent pareillement
les proprietez susdites du
plus ancien Amour, qui
luy sont aucunement con-
uenables.

La fable penetre entie-
rement dans la premiere
naissance de la Nature.
Cet Amour semble estre
l'appetit ou l'aiguillon de
la premiere matiere, ou

bien pour mieux s'expli-
quer, le mouuement na-
turel de l'Atome. Car luy
mesme est ceste force an-
cienne & vnique, qui for-
me tout de la matiere, Elle
n'a ny pere ny mere, com-
me ne depédant d'aucune
cause (or la cause est peré
de l'effect) mais bien de
ceste seule force. L'on ne
peut donner aucune cause
de la Nature, si nous en
exceptons Dieu, qui est
auant toute chose: & ainsi
il n'est ny cause efficiente
ny autre, qui soit plus co-
gnuë à la Nature; tellemét

qu'elle n'est ny genre ny
forme. Quoy qu'il en soit,
elle est positiue, & ne se
peut expliquer. Et quand
il y auroit moyen de sça-
uoir son progrés, l'on n'y
pourroit iamais paruenir
par sa cause ; ceste force
estant apres Dieu la cause
des causes, & elle-mesme
sans cause. Or d'autant
que les hommes sont hors
d'esperance de pouuoir
comprendre vn si haut se-
cret, quelque recherche
qu'ils en facent, c'est auec
beaucoup de raison qu'on
feint que cecy est vn voile

obscur de la nuict. Cela
fait dire au sainct Philo-
sophe, *Que Dieu a faict tou-*
tes choses belles en leur saison,
& qu'il a laißé le monde aux
disputes des humains, mais de
telle sorte,qu'ils ne pourront ia-
mais trouuer les œuures que
Dieu a faictes depuis le com-
mencement iusques à la fin.
Et de verité la loy de la
Nature reduitte en som-
maire, ou, si vous voulez,
la vertu de ce Cupidon
imprimee par la main de
Dieu sur les eschantillons
des choses pour les con-
ioindre(de la repetition &

multiplication defquelles
fe forme toute diuerfité)
peut bien toucher legere-
ment les penfees des hom-
mes, & non pas s'y foub-
mettre. La fcience des
Grecs à defcouurir les
principes des chofes mate-
rielles paroift plus fubtile
& plus exacte que toute
autre Philofophie. Mais
quand il eft queftion de
mettre en euidence les
principes des mouuemés,
c'eft alors qu'on la trouue
fort lafche & rampante.
Cela fe remarque en par-
ticulier au fujet dont nous

discourons à present, où
elle ne voit gueres clair, &
en parle encores auec
moins de perfection. Car
l'opinion des Peripateti-
ciens traictans de l'aiguillon de la matiere par la
priuation, n'a rien que de
vaines paroles, & publie
seulement la chose, au lieu
de la faire voir par demó-
stration. Ceux qui rappor-
tent cecy à Dieu, ne par-
lent pas mal, mais ils y
montent en sautant, plu-
stost que par eschellons.
Car il ne faut point dou-
ter qu'il n'y ait vne seule

loy establie par la bouche
de Dieu, & qui agit auec
la Nature. C'est d'elle-mef-
me dont nous auons par-
lé cy deuant, & qui est con-
tenuë en ces paroles, *Les
œuures que Dieu a faictes depuis le commencement iusques
à la fin.* Democrite consi-
derant ceste Philosophie
de plus haut que les autres,
apres auoir faict son Atome de quelque grandeur
& figure, luy attribuë sim-
plement vn seul Cupidon,
ou mouuement, y en ad-
ioustant vn autre par forme de comparaison. Car

il est d'opinion que tou-
tes choses courent proprement vers le centre du móde, & que ce qui contient
en soy plus de matiere s'en
allant au mesme centre
auec plus de vistesse, frap-
pe ce qui en a le moins, &
le chasse en haut vers son
contraire. Mais ceste con-
ception me semble enco-
re trop resserree, & recherchee auec moins de pre-
uoyance qu'il ne faudroit,
veu qu'il est impossible
que la circulation des choses celestes, ou l'estenduë
& le restressissement des

chofes fe puiffent accom-
moder à ce principe. Quãt
à l'opinion d'Epicure touchant l'accidentaire agita-
tion des Atomes, elle ab-
boutit à des bagatelles &
à vne pure ignorance des
chofes : ce qui nous eft figuré par ce Cupidon en-
ueloppé des tenebres de la
nuict. Confiderons main-
tenant les quatre proprietez qu'on luy donne: C'eft
fort à propos qu'on le
feint toufiours enfant,
parce que les chofes com-
pofees font d'ordinaire
plus grandes & fubiettes à

l'aage; mais pour le regard
de leurs premieres femen-
ces, ou de leurs Atomes, ils
ne fortent iamais d'enfance. A cecy fe rapporte fort
bien que l'Amour eft nud,
pour monftrer qu'il n'eft
rien de compofé, qui ne
foit comme couuert d'vn
mafque & defguifé, fi on
le confidere de prés. Auffi
pour en parler propremét,
ces premiers efchantillons
des chofes font tous nuds
& defcouuerts. De l'aueu-
glement de Cupidon, l'on
en tire vne allegorie fort
iudicieufe, à fçauoir que ce

Cupidon, quelque puif-
fant qu'il foit, n'eft pas
beaucoup preuoyant, puis
qu'il marche à taftons cóme les aueugles. Cecy nous
doit faire admirer d'autãt
plus la Sageffe diuine, que
des chofes qui ont le
moins de prouidence, &
qui font comme aueugles,
il en tire cet ordre & cefte
beauté par vne certaine
loy fatale. La derniere proprieté de Cupidon eft d'e-
ftre Archer, c'eft à dire que
cefte vertu eft telle, qu'elle
opere de loing, comme la
fleche decochee de la main

d'vn puiſſant Archer. Car
preſuppoſant l'Atome &
le vuide, il s'enſuit de neceſſité que la vertu de l'A-
tome opere de loing. Si
cela n'eſtoit, aucun mou-
uement ne s'en pourroit
enſuiure, à cauſe de l'op-
poſition de l'Atome : au
contraire toutes choſes
demeureroient aſſoupies
& immobiles. Touchant
le dernier Cupidon, c'eſt
auec beaucoup de raiſon
qu'il eſt tenu pour le plus
ieune de tous les Dieux,
n'ayant peu ſe mettre en
vigueur qu'apres que tou-

tes les especes furent or-
donnees. Or bien qu'en
ceste description l'Allegorie semble faire ioug & se
transporter à ce qui tou-
che les coustumes, elle ne
laisse pas pour cela d'auoir
ie ne sçay quelle confor-
mité auec l'ancien Amour:
Car à le prendre en gene-
ral Venus esueille & pro-
uoque l'affection de pro-
creer, que son fils Cupi-
don applique à l'Indiui-
du. La disposition genera-
le vient donc de Venus, &
la plus exacte simpathie,
de Cupidon. Ainsi celle-là

depend des plus proches
occasions, & ceste-cy naist
des plus hauts principes,
& qui ont vne certaine fa-
talité, comme de cet an-
cien Cupidon, duquel
toute simpathie deriue.

DIOMEDE,
ou, le Zele.

XVIII.

LEs signalez faicts d'ar-
mes de Diomede ren-
doiēt sa gloire fleurissante
de toutes parts, quand la
Deesse Pallas, qui l'aimoit

grandement, & qui le re-
cognoiſſoit vn peu trop
prompt, luy dit vn iour
qu'il frappaſt hardiment
ſur Venus, s'il la rencon-
troit dans la meſlee. Il ad-
uiht donc peu apres que
Diomede ne máqua point
de mettre en execution le
cómandement de la Deeſ-
ſe, & de bleſſer Venus au
bras droiƈt: Aƈte qui luy
reüſſit ſans chaſtiment durant quelque temps. Ainſi
apres s'eſtre bien mis en
honneur par ſes illuſtres
proüeſſes, il s'en retourna
en ſon pays, où eſpreuué

qu'il eut plusieurs fascheu-
ses disgraces, il fut con-
traint finalement de s'en-
fuir en Italie à la mercy
d'vn peuple estranger. A
son arriuee la bonne for-
tune le fauorisant plus
qu'auparauant, luy donna
pour hoste le Roy Dau-
nus, qui l'honora de plu-
sieurs dons, outre que des
statuës luy furent dreslees
en diuers lieux du pays.
Mais il aduint depuis, que
ce mesme peuple vers le-
quel Diomede s'estoit re-
tiré, se sentant affligé de
plusieurs grands fleaux, le
Roy

Roy Daunus s'aduifa que
la caufe en procedoit de ce
qu'il auoit donné entree
en fon pays à vn homme
impie, mal voulu des
Dieux, & qui auoit bien
eu l'affeurance d'affaillir à
force d'armes vne Deeffe,
qu'on ne pouuoit toucher
feulement fans commet-
tre vne grande impieté.
Doncques pour deliurer
fon pays pollué des mef-
chancetez de fon hofte,
fçachant qu'il valoit bien
mieux violer le droiɗ
d'hofpitalité, que le ref-
peɗ qui fe doit à la Reli-
P

gion, il fit trancher la teste à Diomede; & voulut en outre que ses statuës fussent abbatuës, afin qu'à l'aduenir il n'en restast aucune memoire. Il y auoit si peu d'asseurance à souspirer pour vn si estrange accident, que ses compagnons mesmes s'abădonnans aux gemissemens & aux larmes, à cause de la mort de leur Chef, furent changez en certains oyseaux de l'espece des Cygnes, qui chantent ie ne sçay quoy de lugubre & de doux, quand leur derniere heure est venuë.

Le sujet de ceste feinte n'est pas commun. Car toutes les autres fables ne disent point qu'aucun Heros, horsmis vn seul Diomede, ait iamais esté si hardy d'attaquer vn Dieu les armes à la main. Ceste fable nous semble depeindre l'image & la fortune d'vn homme, qui de propos deliberé n'a point d'autre but en ses actions, que de vouloir par la seule force poursuiure & exterminer quelque sorte de culte diuin ou de Religió,

quoy que vaine & legere.
Or bien que les fanglants
vacarmes entrepris pour
la Religion fuffent inco-
gnus aux Payens (eftant
veritable que les Dieux
des Gentils n'eftoient
nullement ialoux de leur
culte, qui eft le propre
attribut du vray Dieu) il
femble neantmoins qu'en
ces premiers fiecles la fa-
geffe ait efté fi grande & fi
ample, que par le moyen
des meditations & des fi-
mulachres, ils compre-
noient ce qu'ils ne pou-
uoient fçauoir par expe-

tience. Ie dy donc que
ceux qui par des effects de
sang & de feu, ou bien par
l'aigreur des supplices, taschent d'arracher & abolir
quelque secte ou Religió,
bien que vaine, gastee, cor-
rompuë & infame (de
quoy Venus est vn hiero-
gliphe) & qui se peinent
a la corriger & conuaincre
par les armes plustost que
par la force de la raison, de
la doctrine, & de la sain-
cteté devie, ou par le poids
des exemples & de l'au-
thorité; sont possible inci-
tez à cela par la Deesse Pal-

las, c'est à dire par vne certaine prudence violente &
par vn iugement trop se-
uere : L'efficace ou la vigueur de ces choses les fait
entrer si auant dans la consideration de ces trompe-
ries, & des abus qui s'en-
suiuent de telles fautes,
qu'esmeuz ensemble d'vn
bon zele, & d'vne haine
conceuë contre les faussie-
tez, ils s'acquierent fortui-
tement & pour quelque
temps vne grande gloire.
De là vient que le menu
peuple, à qui les choses
moderees ne peuuēt estre

agreables, estimant tous
les autres froids & timides
horsmis ceux cy, publie
leurs merites par tout, &
les loüe comme insignes
defenseurs de la Religion
& de la Verité. Et toutesfois ceste espece de bon-
heur & de gloire paruient
rarement au bout de sa
course: D'où il s'ensuit que
si par la mort elle n'euite
bien tost la reuolution des
choses comme toute autre
violence, sa prosperité se
perd sur la fin. Mais s'il
aduient aussi que les affaires changent de face, ou

que la secte raualee & per-
secutee, vienne à se releuer
& à prendre de nouuelles
forces, c'est alors que les
hommes voyent leur zele
indiscret condamné, leur
imprudence abbatuë, leur
nom rédu odieux, & tous
les honneurs auparauant
deferez à eux mesmes châ-
gez en autant d'oppro-
bres & d'infamies. L'accident tragique de Diome-
de occis par son hoste mesme nous apprend que les
troubles suscitez pour la
Religion, allument entre
les plus proches parens
vne

vne infinité de trahifons
& d'embufches. Les de-
fenfes faictes de pleurer fa
mort, foubs peine de pu-
nition, feruent à monftrer
que les hommes ont vne
inclination naturelle à la
pitié, quelques grands que
puiffent eftre les forfaicts
commis; que ceux qui font
ennemis des meschance-
tez ne laiffent pas de tef-
moigner des effects de cõ-
paffion, touchez des miferes de ceux qui les ont cõ-
mifes; & pár ainfi qu'il faut
bien qu'vn mal ait atteint
fon extremité, quand on

Q

ne donne point de lieu à la
pitié, comme il aduient ordinairement en la cause de
la Religion & de l'impie-
té, où si les hommes font
le moindre semblant d'a-
uoir de la cópassion pour
autruy, ils sont remarquez
aussi tost, & tenus pour
suspects. Au contraire les
gemissemens & les pleurs
des compagnons de Dio-
mede, c'est à dire de ceux
d'vne mesme secte & opi-
nion, ont accoustumé de
reüssir aussi harmonieux
& subtils, que les chants
des Cygnes ou des oyseaux

en la forme defquels ils furent changez. Cefte partie de l'Allegorie eft encore fort remarquable, en ce que ceux qu'on fait mourir pour le fubject de la vray Reeligion, ont accouftumé cóme de beaux Cygnes de flechir par de merueilleufes façons les courages, & de viure long temps dans la memoire des hommes, fans qu'ils en puiffent eftre effacez.

Q ij

DEDALÈ,
ou, le Mechanique.
XIX.

LEs anciens soubs la
personne de Dedale,
homme grandement in-
genieux, mais tout à faict
execrable, nous ont voulu
esbaucher la pratique &
l'industrie mechanique,
ensemble les artifices illicites & employez à quelque
vsage mauuais de soy. De-
dale estoit banny loing de
son pays, pour auoir occis
vn sien compagnon emu-

lateur de son Art; & tou-
tesfois dans cet exil il ne
laissoit pas d'estre le bien-
venu chez les Princes, &
recherché par les habitans
des villes où il se trouuoit.
Aussi, pour en dire le vray,
il auoit faict plusieurs
beaux ouurages, tant à
l'honneur des Dieux, que
pour l'embellissement des
Citez & des lieux publics,
qui neantmoins ne le mi-
rent pas tant en estime
que ses artifices illicites.
Ce fut luy qui donna l'inuention à Pasiphaë d'as-
souuir la brutale ardeur

de s'accoupler auec vn taureau ; tellement que de la
meschante industrie de ce-
stui-cy , & de son perni-
cieux esprit s'ensuiuit l'infame & mal-heureuse nais-
sance du Minotaure, mon-
stre à qui la ieune Noblef-
se seruoit de pasture & de
proye. Luy-mesme adiou-
stant mal sur mal , pour
plus grande asseurance de
ce monstre, inuenta le Labyrinthe, qui de son nom
fut nommé Dedale , ou-
urage autant signalé par
son artifice , que perni-
cieux pour sa fin & pour

son vsage.   Or afin de par
roistre fameux non seule-
ment en l'inuention des
plus meschans artifices, &
des aduis qu'il donnoit de
faire du mal, mais encore
sçauant aux moyens d'y
apporter du remede, il fut
encore inuenteur de l'in-
genieux conseil de se tirer
auec vn fil des sinueux de-
stours de ce labyrinthe. La
Fable adiouste que Minos
estoit si grand ennemy de
Dedale, qu'il le poursui-
uoit en tout temps auec
vn soin accompagné d'v-
ne estrange seuerité ; mais

que Dedale trouuoit touſ-
jours l'inuention de ſeſ-
chapper de ſes embuſches.
Bref, ce fut luy qui apprit
l'art de voler à ſon fils Icare, qui par vn defaut d'experience ioinct à vn excez
de vanité ſe laiſſa cheoir
dans l'eau, où il ſe noya.

Il ſemble que l'intelli-
géce de ceſte fable ſoit telle. Par ſa premiere entrée
nous eſt deſcouuerte l'enuie qui ſe trouue ordinairement entre les plus ex-
cellents ouuriers, ſur leſ-
quels l'emulation a tant
de force & d'empire, qu'el-

le semble ne mourir ia-
mais parmy eux. S'ensuit
par apres la consideration
de la peine de laquelle Dedale fut chastié , lors que
sans preuoyance & contre
les maximes d'Estat on se
contenta de l'enuoyer en
exil. En quoy l'on n'eut
pas seulement l'esprit de
s'aduiser qu'en quelque
part que se trouuent les
bons ouuriers , ils sont
tousiours les biens-venus
parmy tous les peuples ; si
bien que l'exil ne peut seruir de supplice à celuy qui
excelle en son art. Il est

grandement difficile que
les autres côditions & ma-
nieres de viure fleuriſſent
hors de leur propre pays;
mais quāt à celle d'vn bon
ouurier, le plus grand ac-
croiſſement qu'elle pren-
ne eſt entre les Eſtran-
gers : Car en ce qui tou-
che la mechanique c'eſt
vne couſtume enracinée
dans les eſprits des hom-
mes de priſer moins leurs
compatriottes, que les ouuriers qui viennēt de loin.
Venons maintenant au
grand profit qui ſenſuit
de l'vſage des Arts me-

chaniques , qui nous
est declaré par la suitte de
ceste fable. Il est hors de
doute que la vie humaine
est grandement redeuable
à ces Arts, puis que d'eux-
mesme comme d'vn riche
thresor ont esté tirees
beaucoup de choses vtiles
à l'ornemét de la Religion,
à la magnificence ciuile, &
à tout ce qui appartient au
culte de la vie des hómes.
Et toutesfois de ceste mesme source rejaillissent les
instrumés de la paillardise
& de la mort mesme. Car
laissát à part le mestier des

porteurs de poulets, nous
sçauons assez que l'inuention des poisôs, ensemble
les machines de guerre, &
semblables pestes, dont
l'vsage ne se doit attribuer
qu'à la mechanique, sur-
passent en cruauté le fabu-
leux Minotaure, au grand
preiudice de tous les hommes. Ie trouue excellente
l'allegorie du Labyrinthe;
sous laquelle nous est es-
bauchee l'vniuerselle na-
ture de la Mechanique.
Les choses plus ingenieu-
ses & accomplies, peuuent
estre estimees autant de la-

byrinthes , tant pour leurs
diuers deſtours, que pour
la reſſemblãce qui paroiſt
entre elles : tellement que
ſil eſt queſtion de les diſ-
cerner & regir , il faut que
ce ſoit auec le ſeul fil de
l'experience , pluſtoſt que
par la force du iugement.
A quoy ne ſe rapporte pas
mal, que le meſme ouurier
qui fut inuenteur des obliques deſtours de ce laby-
rinthe, trouua le moyen
de ſ'en tirer auec vn fil, parce que l'vſage des Arts
Mechanicques eſt com-
me ambigu, attendu qu'ils

font auſſi toſt nuiſibles que profitables, & que leur force ſemble ſe reſoudre d'elle meſme. D'ailleurs, les artifices illicites ſont la plus part du temps pourſuiuis par le Roy Minos, c'eſt à dire par les loix qui les condamnent, & en defendét l'vſage aux peuples. Ce qui n'empeſche pas que pour eſtre ainſi defendus, ils n'ayent leur rendez vous & leur retraicte par tout. Tacite le remarque fort bien, lors qu'en vne choſe aſſez conforme à ceſte cy, parlant

de Mathematiciens & des
faiseurs d'horoscopes; C'est
vne maniere d'hommes, dit-il,
*ausquels on enioindt a bien de
vuider noftre ville*, *& qui
neantmoins y feront toufiours
retenus.* Or nous voyons
d'ordinaire que les Arts illicites & curieux, de quelque condition qu'ils puiffent eftre, se raualent de
leur reputation auec le
temps, f'ils trouuent le
moindre obftacle à l'effect
de ce qu'ils promettent, &
que pareils à Icare ils tom-
bent en bas à cause de la
trop grande móftre qu'ils

font d'eux mefme. Et de vray, ils font pluftoft con-uaincus par leur propre crainte, que tenus en ar-reft par la puiffance des Loix.

ERICTON,
ou, l'Impofture.

XX.

LEs Poëtes feignent que Vulcan embrazé de l'amour de Minerue, la voulut forcer vn iour, & qu'en cefte lutte amoureu-fe de fa femence refpanduë fur

fur terre nafquift le monftre Erichton, lequel en fes
parties d'enhaut eftoit
grandement bien propor-
tionné, mais fi difforme
en celles d'embas, que fes
flãcs & fes jambes alloient
toufiours en reftrefliffant,
comme le corps d'vne an-
guille. Ils difent là deffus
que luy mefme ne fçachãt
que trop cefte fienne de-
formité, fut le premier inuenteur de l'vfage du co-
che, afin que par ce moyen
il peuft enfemble faire
monftre de la plus belle
partie de fon corps, & ca-
R

cher la plus laide.

Cefte Fable autant admirable que prodigieufe, nous apprend que l'Art (lequel pour le grand vfage du feu nous eft reprefenté par Vulcan) ne paruient que bien rarement à la fin deftinée, de quelque façon que l'on puiffe trauailler & violenter les corps, pour furmonter la Nature, qui pour l'extreme foing de fes œuures nous eft ombragée fous la perfonne de la Deeffe Minerue. Il eft vray neantmoins que de ces efforts,

comme d'vne lutte, se forment des generations im-
parfaictes, & certains ouurages defectueux, qui pa-
roissent beaux à la veuë,
mais dont l'vsage est chan-
celant & debile : Cepen-
dãt les imposteurs ne laissent pas d'en faire parade,
& de les mener comme en
triomphe auec vn grand
& abusif appareil. Cela
se remarque d'ordinaire,
tant aux effects de Chy-
mie, qu'és subtilitez me-
chaniques : Car les hom-
mes, s'obstinans par cou-
stume en leurs opinions,

& en leurs premiers def-
feins, luttent pluftoft auec
la Nature, qu'ils ne recher-
chent fes embraffements
par les voyes de l'obeïffan-
ce & du culte requis.

DEVCALION,
ou, la Renouation.
XXI.

LA Fable dict qu'apres
que le Deluge yniuer-
fel euft emporté tous les
habitans de la terre, Deu-
calion & Pirra demeurez
feuls, & ardamment defi-

reux de renouueller la raçe
des hommes, apprirent de
la bouche de l'Oracle, que
toutes choses leur reüffi-
roient felon leur defir , fi
prenans les os de leur mere ils les iettoient derriere
eux. D'abord cet Oracle
les affligea grandement, &
les meit comme au defef-
poir de ne venir iamais à
bout de leur intētion. Car
la terre eftant tout à faict
bouleuerfée par le Deluge,
ils ne pouuoiét efperer de
recognoiftre la tumbe où
repofoient les os de leur
mere. Mais ils fceurent en

fin que la Terre eſtoit la commune mere de tous, & que par ſes oſſemens il faloit entédre les pierres.

Ceſte Fable nous ſemble deſcouurir vn ſecret de la Nature, & corriger vne erreur qui n'eſt que trop familiere aux eſprits des hommes : car l'ignorance les porte ordinairé-ment à croire que les choſes ſe renouuellent par le moyen de leur putrefa-ction, comme le Phénix croiſt de ſa propre cendre. Mais pour moy ie ne penſe pas que cela ſe puiſſe au-

cunement, veu que telles
matieres sont desia paruenuës au bout de leur course, & renduës entierement
incapables de seruir de
principes aux mesmes
choses. C'est pourquoy
le meilleur est de retourner en arriere aux principes qui sont plus com-
muns.

NEMESIS,
ou, la Vengeance, ou, la Viciſſitude.
XXII.

Emeſis, ſelon la Fable, fut vne Deeſſe reuerée d'vn chacun, & redoutable à ceux qui eſtoiét le plus en fortune. Les Poëtes la font fille de l'Ocean & de la nuict, & nous la peignent ainſi. Elle auoit des aiſles au dos, ſur la teſte vne couronne, en ſa main droicte vn iauelot

de

de heſtre & en la gauche
vn vaſe dans lequel eſtoiët
enclos certains Ethyo-
piens:bref elle eſtoit mon-
tée ſur vn cerf, animal d'iſ-
nelle viſteſſe à la courſe.

Le ſujeÆt de ceſte fein-
Æte ſemble eſtre tel. Par le
nom de Nemeſis la Ven-
geance eſt ſignifiée aſſez
clairement. Car la principale charge de ceſte Deeſſe , comme de quelque
Tribun du peuple, eſtoit
de ſe gliſſer dans la cóſtan-
te & perpetuelle felicité
des plus fortunez; d'y apporter de l'empeſchemét,

de tenir en arrest les info-
lences & les prosperitez.
aussi, quelques innocen-
tes & moderées qu'elles
fussent, comme n'estant
permis d'admettre au ban-
quet des Dieux aucun de
la race des hommes, si ce
n'estoit pour luy faire vn
affront. Et de verité ie ne
lis iamais ce chapitre de
C. Pline, où il raconte les
disgraces & les miseres
d'Auguste Cesar (bien que
pour moy ie le tiéne pour
vn Prince grandement
heureux, qui auoit de la
Nature vne certaine indu-

strie de sçauoir gouuerner
la fortune & de la posse-
der entierement, si bien
qu'il fust impossible de remarquer iamais en son es-
prit, la moindre apparen-
ce d'orgueil, d'inconstance, de lascheté, de confusion, & de bassesse de courage, veu qu'il se mostroit
quelquesfois resolu de
mourir volontairement)
qu'à mesme temps ie ne
me figure, qu'il falloit que
ceste Deesse fust bien puis-
sante de tirer vne telle vi-
ctime sur son Autel. Elle
estoit fille de l'Ocean & de

la Nuict, c'est à dire de la
reuolution des chofes &
du iugement diuin obfcur
& fecret. Telle reuolution,
ou pluftoft cefte viciffitu-
de nous eft fort propre-
mét denotée par l'Ocean,
à caufe de fon perpetuel
flux & reflux; & quant à la
nuict, elle eft vn fymbole
de la prouidence diuine:
Les Payens mefme ont
fceu fort bien remarquer
cefte Nemefis nocturne,
pour monftrer que le iu-
gement des hommes eft
fort different de celuy de
Dieu.

Riphée y tomba mort (accident
lamentable !)
Bien qu'il fust des Troyens le
Chef plus equitable,
Le plus aymé des Dieux , & le
plus iuste aussi:
Mais quoy?les Immortels le vou-
lurent ainsi.

Nemesis est descrite auec
des aisles , à cause des sou-
daines reuolutions des accidens humains , qui ad-
uiennét lors qu'on y pen-
se le moins : Aussi le sou-
uenir que nous auons des
affaires du passé nous faict
voir,qu'il est presque tous-
jours aduenu que les grāds
hommes, & les plus adui-

sez ont trouué leur perte
dans les dangers qu'ils tenoient à mespris. Ainsi M.
Ciceron ayant eu aduis de
la part de Decius Brutus,
de la mauuaise volonté
qu'Octauius Cesar auoit
pour luy, & de son coura-
ge vlceré, ne luy fist point
d'autre response que celle-
cy, *Vrayement, mon cher Bru-*
tus, ie vous ayme d'autant plus
que mon deuoir m'y oblige,
ayant pris la peine de me don-
ner aduis de toutes ces bagatel-
les, qui ne meritent pas qu'on
en parle. Par l'enseigne de
souueraineté que Neme-

fis porte fur la tefte, eft fi-
gnifié l'enuieux & maling
naturel du Commun, qui
a cefte couftume de fe ref-
jouïr, & de couronner Ne-
mefis, quand il void tom-
ber du haut de la rouë les
plus aduancez en fortu-
ne. Elle porte en fa main
droicte vne lance ou vn ja-
uelot, pour en trauerfer
ceux que bon luy femble.
Quant aux autres, qu'elle
ne veut point tout à faict
abbatre foubs le ioug des
miferes & des difgraces, elle leur met deuant les yeux
la bouteille ou la fiolle,

qu'elle fouftiét de fa main gauche, où fe defcouure vn fpectacle hideux à voir, & malencontreux: Car les grands du monde, ou ceux qui font efleuez au plus haut comble des felicitez de la terre, fe reprefentent fans ceffe la mort, les maladies, les difgraces, les trahifons qui leur font tramées par les artifices des leurs, bref les embufches des ennemis, les reuolutions des affaires, & autres tels accidés, qui femblent autant de Mores dans cefte fiole, effroyable à la

veuë des regardans. Vir-
gile descriuãt le faict d'armes de Cleopatre en la
Iournée Actiacque, adiou-
ste auec beaucoup d'elo-
quence & de grace.

La Royne auec son luth semond de
  toutes parts
Les ardans escadrons qui suiuent
  le Dieu Mars;
Et ne voit pas encor' la picqueure
  mortelle
De deux cruels serpens s'enuueni-
  mer contre elle.

Et de vray, elle ne tarda
gueres à voir les bataillons
tous entiers de ces Ethyo-
piens, se representer à ses
yeux, quelque part qu'elle

ſe tournaſt. Bref ce n'eſt
pas ſans raiſon que la fable
adiouſte ſur la fin que Nemeſis eſt aſſiſe ſur vn cerf.
Car bien que cet animal
ſoit plein de viuacité, il
peut arriuer que l'homme
rauy par la mort en la fleur
de ſon aage, preuienne &
euite les coups de Neme-
ſis ; comme au contraire il
faut de neceſſité qu'il luy
ſoit ſujet, ſ'il deuient puiſſant, & aduancé à vne
grande fortune.

ACHELOVS,
ou, le Duel.

XXIII.

LEs Anciens escriuent qu'Hercule & Achelous ayans querelle ensemble pour les nopces de Dejanire, en vindrent finalement aux mains. Là dessus, ils adioustent qu'Achelous ayant sous diuerses formes, & selon le pouuoir qu'il en auoit, assailly Hercule, prit finalement celle d'vn fort taureau: Dequoy s'aduisant Hercule, & retenant tousiours la figure humaine, il se rua de toute sa force sur cet animal, auquel il rompit vne de ses cornes : Accident qui affligea de telle sorte Acheloüs, que pour la recouurer il fit vn present à Hercule de la corne qu'on appelle d'Amalthée, ou d'abondance.

Ceste Fable appartient proprement aux entreprises militaires. Car les preparatifs de la guerre faicts par la partie qui defend, & qui nous est representée

par le fleuue Acheloüs, sõt
differents & de plusieurs
sortes. Quant à l'assaillant,
ses forces sont composées
d'vne seule armée nauale.
Mais pour le regard de celuy qui attend l'ennemy
sur ses propres terres, l'on
ne sçauroit croire cõbien
il a de choses à faire. Il luy
faut ores fortifier les places , ou les desmanteller,
tantost leuer des gens, &
les appeller des champs
aux villes, ou les mettre en
garnison dans les princi-
pales forteresses : & main-
tenãt faire des ponts tous

nouueaux, & abbatre les
vieux, tenir l'armee preste,
la pouruoir de viures, & les
partager entre les soldats:
Bref il ne manque iamais
d'occupation ny sur les ri-
uieres, ny dans les ports,
ny au creux des montai-
gnes, ny parmy les forests,
ou ailleurs. De mauiere
qu'au iour du combat il
change de face, en prend
vne autre toute nouuelle,
& en faict espreuue. Ainsi,
quand il a bien disposé
toutes choses & mis en
estat ses preparatifs, c'est
alors qu'il nous represen-

te au vif la forme & les beuglemens d'vn taureau qui entre au combat. Or comme l'assaillât ne cherche qu'à dóner la bataille, l'apprehension qu'il a de manquer de viures dans les terres de l'ennemy luy faict haster son entreprise. Que si la bonne fortune veut qu'il gaigne la victoire par ses proüesses, & par ainsi qu'il rompe par maniere de dire vne corne à son ennemy, il obtient alors que luy-mesme affoibly de reputation, & tout tremblottant mette

son salut en la fuitte, & se
retranche en d'autres lieux
mieux fortifiez, & plus asseurez, afin de s'y pouruoir
de nouuelles forces. Par
ce moyen outre que la ville demeure au vaincueur,
le butin en est aux soldats;
ce qu'on peut tenir pour
vne espece de corne d'A-
malthée.

BACCHVS,

BACCHVS,
ou, la Conuoitise.
XXIIII.

NOus lisons que Semele amoureuse. de Iupiter l'obligea d'vn inuiolable serment, à luy promettre de. ne l'esconduire.d'aucune chose que elle.luy peut.demander,de sorte qu'ayant.requis le pere.des Dieux de s'accoupler auec elle, de mesme qu'auec.Iunon, son indiscrete demande fust cause

T

qu'elle mouruſt dans les flammes. Apres ſa mort, l'enfant qu'elle auoit con-ceu dans ſon ventre en fuſt tire dehors, & mis par Iupiter en ſon ptopre flanc, iuſques à ce que le terme deſtiné à l'accou-chement arriua. Cepen-dant, ce Roy des Dieux ne pouuoit marcher, & ſem-bloit eſtre boiteux, pour la grande incommodité que luy cauſoit cet enfant, qui pour ce ſujet fuſt appellé Bacchus, ou Denis, à cau-ſe de la peine qu'il luy donna durant qu'il fuſt

dans ſa cuiſſe. Venu qu'il
fuſt au monde, Proſerpi-
ne euſt charge de l'eſleuer
durant quelques années.
Son viſage auoit de l air de
celuy d'vne femme : tellement qu'il paroiſſoit am-
bigu de ſexe, ou Herma-
phrodite. On tient qu'il
demeura mort & enſeue-
ly quelque eſpace de téps,
au bout duquel il reuint
au monde. En ſa ieuneſſe
il inuenta le premier l'vſage du vin, & les moyens
de cultiuer la vigne, ce qui
le mit en telle eſtime qu'il
ſubiugua tout le monde,

iusques aux dernieres contrees des Indes. On le
voyoit ordinairement sur
vn char tiré par des tygres,
& autour de luy certains
demons tous difformes,
appellez Cubales , qui
trepignoient deuant ce
Dieu, dont la compagnie
estoit encore honorée de
celle des Muses. Il prit à fé-
me Ariadne apres que The-
sée l'eust abandonnée. Les
Anciens luy consacroient
le lierre, & le disoient estre
inuenteur de certaines ceremonies qu'ils nómoient
sacrées : bien qu'elles fus-

sent pleines de fureur, de
desbauche, & de cruauté:
Aussi son vray mestier
estoit de rendre les autres
forcenez, & de tourner la
raison en rage. Il est certain qu'aux festes solem-
nelles de Bacchus appel-
lées *Orgies* deux excellens
hommes furét mis en pie-
ces par ses Prestresses,à sçauoir Penthée & Orphée,
l'vn pour auoir voulu re-
garder ses ceremonies du
haut d'vn arbre, & l'autre
en ioüant de sa lyre. Or
peu s'en faut que les
prouesses de ce Dieu ne se

confondent auec celles de
Iupiter.

Ceste Fable a ie ne sçay
quel rapport auec la cou-
stume, ou l'habitude, ne
s'en pouuant trouuer de
meilleure en toute la Philosophie Morale. Sous la
personne de Bacchus, ou
de Denis nous est descrite
la nature de la Conuoiti-
se, ou de la passion. La mere de la plus nuisible conuoitise qu'on puisse trouuer, n'est autre que l'appetit, & le desir d'vn bien ap-
parent. Ceste passion se
conçoit par vn desir illici-

te, auant qu'estre bien entenduë, ou examinée. Mais
lors que l'affection com-
mence à bouillir, la mere
d'elle mesme, à sçauoir la
nature du bien, se ruine
& se perd dans vn embra-
zement superflu: tant qu'il
se trouue de la conuoitise
dans l'esprit de l'homme
qui en est comme le pere,
signifié par Iupiter, elle se
cache & se nourrit au de-
dans, principalement en
la partie inferieure; où elle
picque l'ame si auant, que
ses actions en sont incom-
modées, & vont de tra-

uers. Mais depuis que par
le moyen du cõsentement
& de l'habitude, elle est
confirmée & reduitte en
acte, Proserpine prend le
soin de l'esleuer durant
quelque temps. Cela veut
dire qu'elle cherche à se
cacher és lieux escartez &
sousterrains, iusques à ce
que secoüant le frein de la
honte, & de l'apprehen-
sion, elle deuient effron-
tée, & se couure du pretex-
te de quelque vertu, mes-
prisant finalement l'infa-
mie. Il est encore tres-ve-
ritable qu'vne forte affection

ction semble auoir vn sexe
ambigu, parce que son im-
petuosité tient de l'hom-
me, & son impuissance de
la femme. Ils ont feint que
Bacchus reuint en vie
apres estre mort , pour
monstrer qu'il ne faut
point adiouster de foy aux
passions , qui ont cela de
propre, de paroistre endor-
mies, & comme esteintes,
mais qui ne manquent de
s'esueiller bien tost quand
l'occasion se presente, ou
lors qu'elles ont tant soit
peu de matiere. Quant à
l'inuention de la vigne, ie

V

la trouue ingenieuſe &
prudente, parce que tou-
te affection eſt accorte &
actiue à chercher des allechemens. Mais entre tant
de choſes qui ſont parue-
nuës à la cognoiſſance des
hommes, il n'en eſt point
de plus puiſſante que le
vin, pour eſueiller & en-
flammer quelque paſſion
que ce ſoit : tout le reſte
n'a rien de commun auec
cecy. L'on attribue à Bacchus l'hóneur d'auoir con-
queſté pluſieurs prouin-
ces, & entrepris vne guerre eternelle, parce que la

Conuoitiſe ne ſe contente
iamais des choſes acqui-
ſes; au contraire elle veut
touſiours paſſer outré, eſ-
priſe d'vn deſir qui eſt in-
ſatiable & ſans fin. Les tygres ſe tiennët auprés d'v-
ne affection deſreglée, &
tirent ſon char, pour monſtrer que lors que l'affe-
ctió ne va plus à pied, mais
en coche, ayant gaigné la
victoire ſur la raiſon, elle
ſe monſtre cruelle & in-
dóptable à tous ceux qui
s'oppoſent à ſes forces. Ce
n'eſt non plus ſans ſujeƈt
que certains demons ridi-

cules fautent autour du chariot de Bacchus, à cau-fe que toute paffion def-bordée produit aux yeux, en la bouche, & aux actiós, des mouuements inciuils, brutaux , mal feans , & pleins de legereté : d'où vient que tel paroiſt agrea-ble à foy-mefme en quel-que fignalée affection de cholere, d'arrogance, ou d'amour, qui femble aux autres tout à faict ridicule & difforme . Les Mufes tiennét compagnie à Bac-chus , pour denoter qu'il n'eſt point d'affection qui

ne semble fauorisée de
quelque doctrine: Et c'est
en cecy que la complaisan-
ce des esprits amoindrit la
majesté des Muses , lors
qu'elles se rendent esclaues de l'affection, au lieu
d'estre les guides de la vie.
Entre les autres allegories
ceste-cy me plaist , à sçauoir que Bacchus se rendit
amoureux d'vne femme
abandónée d'vn autre ma-
ry ; estant certain que l'affection veut & desire ce
que l'experience a rebutté.
Où i'aduise tous ceux qui
se rendét esclaues de leurs

propres affections, & qui
les fuiuans ne font qu'ac-
croiftre le prix des chofes
dont ils veulent iouyr (foit
qu'elles côfiftent aux honneurs , aux richeffes , aux
amours, en la gloire, en la
fcience, ou en telle autre
qualité) qu'ils fuiuent in-
difcretement des paffions,
que les autres ont quittées
il y a long temps, apres les
auoir efprouuées. Le lierre fuft confacré à Bacchus
auec beaucoup de myfte-
re. Ceft arbre a cela de
propre de conferuer fa verdure en Hyuer , puis de

ramper autour des mu-
railles, & de les embraſſer
de ſes rameaux. Quant au
premier, il n'eſt point
d'affection, qui par le
moyen de la repugnance,
& de l'inhibition, comme
par vne certaine antiperi-
ſtaſe, ne ſe maintienne en
vigueur & en verdure en
Hyuer, à l'imitation du
lierre. Pour le regard du
ſecód, l'excez de la paſſion
qui predomine en l'hom-
me, embraſſe toutes les
actions & tous les conſeils
humains, ſe meſlant com-
me le lierre, & tournoyant

parmy eux. Ce n'est pas
merueille encore, si les
coustumes superstitieuses
s'attribuent au Dieu Bac-
chus ; estant veritable que
toute affection desreglée
se laisse emporter entie-
rement aux fausses reli-
gions, & qu'elle se tourne
en fureur, s'il luy aduient
d'assieger l'homme auec
plus de violéce & d'effort.
L'outrage faict à Penthée
par les Prestresses de Bacchus , qui le demembre-
rent auec Orphée, nous
apprend qu'vne affection
violente se rend ordinaire-

ment reuefche & contrai-
re, tant aux curieufes recherches qu'aux aduis fa-
lutaires & libres. Bref la
confufion entre les per-
fonnes de Bacchus, & de
Iupiter, peut-eftre fort
proprement adaptée à no-
ftre propos, veu que les
entreprifes illuftres & hó-
norables,ioinctes aux me-
rites fignalez & glorieux,
procedent ores de la va-
leur,ou de la raifon,& tan-
toft d'vne affection ca-
chée, ou d'vne conuoitife
fecrette, quelques loüan-
ges qu'y puiffent appor-

ter les langues, & les voix
de la Renommée, de ma-
niere qu'il n'est pas beaucoup facile de distinguer
les faicts de Bacchus d'a-
uec ceux de Iupiter.

ATALANTE,
ou, le Gaing.

XXV.

ATalante estant fort
prompte à la course
donna vn deffi à Hypome-
ne pour esprouuer lequel
d'entre eux iroit plus viste,
& gaigneroit la victoire:

Les conditions de ce com-
bat furét, qu'en cas qu'Hypomene vainquiſt, il au-
roit pour femme Atalan-
te ; & qu'au contraire ſ'il
demeuroit vaincu , il le
payeroit aux deſpen- de ſa
vie. Il ſembloit fort aiſé
de iuger à qui demeure-
roit la victoire, puis qu'A-
taláte inuincible à la courſe, s'eſtoit deſia miſe en
honneur par la ruine de
pluſieurs , auſquels elle
auoit gaigné le deuant: Ce
qui fut cauſe qu'Hypome-
ne ayant recours à la tromperie & à l'artifice, fiſt pro-

uifion de trois pommes
d'or, & les porta quant &
foy. Comme il fuſt donc
queſtion d'entrer dans la
lice, Atalante ne manqua
point de deuancer Hypo-
mene, lequel ſe voyát laiſſé en arriere recourutà ſon
artifice, jettant au meſme
temps l'vne des trois pommes d'or à la veuë d'Ata-
lante, non en pleine lice,
mais à l'eſcart pour l'amu-
ſer d'auantage, & la mieux
deſtourner de ſa route.
Ainſi la conuoitiſe, com-
mune aux femmes, & la
beauté de la pomme l'alle-

cherent ſi bien, qu'au lieu
de courre tout droiĉt, elle
tourna ſes pas vers la pomme afin de la prendre: Cependant Hypomene euſt
loiſir de ſ'auancer vn peu,
& de laiſſer à ſon dos Atalante. Mais par le moyen
de ſa naturelle viſteſſe elle
ne tarda gueres à reparer le
dommage du temps per-
du; & meſme elle gaigna
le deuant à Hypomene,
qui neantmoins l'ayant
amuſee auec ſes pommes
d'or iuſques à la troiſieſme
fois, fiſt en ſorte qu'en
fin il demeura victorieux,

non tant par les effects de son courage, que de son propre artifice.

Ceste feinte nous semble proposer vne remarquable allegorie du combat de l'art auec la nature. Car il est certain que l'art signifié par Atalāte se rend par sa propre force beaucoup plus prompt & habile que la nature, s'il ne trouue point d'empeschement ny d'obstacle, & qu'ainsi par la grande vistesse de son cours il atteint le premier au but. Il leur, & la consolation qui mité. L'experience nous appréd cecy tous les iours; comme par exemple : le fruict de l'arbre qui est enté se trouue bien meilleur que celuy qui prend son accroissement par le moyen du noyau que l'on a planté. I'adiouste à cecy qu'en la generation des pierres la terre fangeuse de soy ne s'endurcit pas si tost qu'elle faict quand on y cuit des carreaux de brique. Que s'il est question de venir aux choses morales, l'on peut remarquer qu'vn allegement de dou-

s'enſuit apres quelque perte ſe donnent vne entree
dans l'ame par la longueur
du temps, comme par vn
bien-faict de la nature, là
où la Philoſophie, qui
ſemble eſtre le vray Art de
bien viure, n'vſe point de
delay, &· nous preſente
auſſi-toſt le temps propre
à la conſolation. Ie ſçay
neantmoins qu'il eſt vray
que par le moyé des pom-
mes d'or ceſte force & ces
priuileges de l'art ſont re-
tardez au grand domma-
ge des choſes humaines:
Car parmy les ſciences &

les

les arts il ne s'en est iamais
trouué aucun qui ait con-
stamment continué iuf-
ques à la fin sa vraye & legitime courfe, pour y at-
teindre comme à son but:
au contraire c'est l'ordinaire des arts commencez
d'abbreger leur cours, &
de le quitter pour se tourner au gain, & à leur propre commodité, à l'imita-
tion d'Atalante:

Sa courfe elle retarde, & prend les
pommes d'or.

Ce n'est dócques pas mer-
ueille, s'il n'est permis à
l'art de surpasser la nature,

X

& de la ruiner quand il l'auroit vaincuë, à cauſe des conditions & des loix de ce deffi : mais il y a bien de quoy s'eſtóner du contraire, à ſçauoir de ce que l'art demeure ſous le pouuoir de la nature, luy obeïſſant comme la femme à ſon mary.

PROMETEE,
ou, l'Estat de l'homme.

XXVI.

LEs Anciens nous ont voulu faire accroire, que l'hôme estoit l'ouurage de Prometee, qui ne le pestrist que de bouë, si ce n'est qu'il mesla parmy ceste masse les parties de diuers animaux. Ils adiouftét à cela, que luy-mesme voulant defendre son ouurage, & se faire estimer ensemble autheur & conser-

uateur de la race des hommes, monta secrettement
au Ciel, portant auec soy
certains faisseaux de iong
qu'il alluma prés du cha-
riot du Soleil, & qu'ainsi
retourné qu'il fust sur la
terre, il apprit aux mortels
l'vsage du feu. Mais au lieu
que ce bon office de Pro-
metee meritoit de trouuer
quelque effect de reco-
gnoissace parmy les hom-
mes, ils oserent bien con-
spirer contre luy, & l'ac-
cuser par deuant Iupiter.
Ceste accusatió luy pleust
grandement & à tous les

autres Dieux, ſi bien que
outre le don qu'ils firent
aux hommes du commun
vſage de cet Element, ils
les obligerent encore par
vn nouueau preſent, qui
merite d'eſtre preferé à
tous les autres, à ſçauoir
par vne perpetuelle ieu-
neſſe. Dequoy les hom-
mes fort contés, mais mal
aduiſez, ils chargerent vn
aſne du don qu'ils auoient
receu des Dieux. Il aduint
donc qu'à ſon retour le
pauure aſne ſe trouuant
grandement affligé de la
ſoif, rencontra ſur le bord

d'vne fontaine vn serpent,
qui eſtoit comme la garde
de ceſte eau, & qui ne luy
voulut iamais permettre
d'en boire, qu'à condition
qu'il luy dóneroit ce qu'il
portoit ſur ſon dos. Le miſerable aſne accepta d'ab-
bord ceſte condition, &
ainſi pour vn peu d'eau le
pouuoir de renouueller ſa
ieuneſſe paſſa des hom-
mes aux ſerpens. Quelque
téps apres Prometee plus
malicieux que iamais, re-
concilié auec les hommes
depuis qu'ils furent fru-
ſtrez de la recompenſe re-

ceuë, s'irrita si fort contre
Iupiter, qu'il osa bien mesler au sacrifice, la tromperie. Car l'on tient qu'im-
molant vne fois deux tau-
reaux à Iupiter, il enfer-
ma la chair & la graisse de
tous les deux dans la peau
d'vn seul, & qu'il remplit
d'os l'autre peau, priant le
pere des Dieux auec vne
action couuerte d'vn faux
zele, & d'vne religion des-
guisee, de choisir pour son
sacrifice l'vn de ces bœufs.
Bien que Iupiter detestat
la ruse & la mauuaise foy
de Prometee, neantmoins

pour auoir fujeſt de ſ'en
venger, il choiſit le bœuf
tout plein d'os, & alors
tournant ſon bras à la vengeance, comme il vit qu'il
ne pouuoit reprimer au-
tremét l'inſolence de Prometee, qu'en affligeant
toute la race des hommes
(que ceſt Impie tenoit
pour ſes creatures) il com-
manda à Vulcan de luy
former vne femme belle
par excellence, & qui fuſt
appellee Pandore, parce
que pour la rendre plus ac-
complie, chacun des Dieux
y contribua quelque cho-
ſe du

se du sien. Apres ils luy
mirent en main vn fort
beau vase, dans lequel ils
enfermerent toutes sortes
de disgraces & de mal-
heurs, n'y laissans que l'esperance au fonds. Pro-
metee fut le premier que
Pandore alla trouuer auec
le vase, pour voir si de
cas fortuit il ne se met-
troit point à l'ouurir: mais
luy cauteleux & subtil ne
mãqua de le rejetter. Pandore se voyant ainsi mes-
prisée, s'en alla trouuer Epimetee frere de Prometee,
de la complexion duquel

il differoit grandement.
Cestuy-cy sans autre de-
lay ouurit temerairement
le vase; Puis comme il vit
que tous les maux y en-
clos s'enuoloient dehors,
il s'aduisa de le fermer à la
haste, & de toute sa force:
mais il n'estoit desia plus
temps: si bien que tout ce
qu'il peut faire fut d'y retenir l'esperance, qui demeura seule au fonds de la
boitte. En fin Iupiter im-
putá à Prometee plusieurs
grands & enormes for-
faits, comme d'auoir des-
robé le feu du Ciel, & des-

daigné sa Majesté diuine,
en luy offrant vn sacrifice
plein de tromperie, en-
semble de s'estre mocqué
du don receu de la part des
Dieux; y adiousta ce nou-
ueau crime, d'auoir voulu
prendre à force la Deesse
Pallas. L'ayant dóc estroi-
ctemét fait lier, il ordonna
que son supplice fust eter-
nel, commandát tout aussi
tost qu'il fustmenéau mót
Caucase, & là si bien atta-
ché qu'il luy fust impossible de se remuer. D'auan-
tage pour le tourmenter
plus sensiblement, il vou-

lut qu'vne aigle se repeuſt
de ſon foye, & qu'il en
creuſt autant de nuict que
l'oiſeau en auroit becque-
té de iour:par ce moyen ſa
douleur ne manquoit ia-
mais de matiere, bien
qu'ils diſent qu'elle finiſt
auec le téps,& qu'Hercule
ayant nauigé par tout l'O-
cean dans vne couppe que
luy donna le Soleil, abor-
da finalement au mont
Caucaſe,où il deliura Prometee, tuât à coups de fleches l'oiſeau qui le bour-
reloit. Certains peuples in-
ſtituerent depuis à l'hon-

neur de Prometee les ieux
des porte-flambeaux, ainsi
appellez , parce que si le
flambeau de quelqu'vn
des ioueurs venoit à s'e-
steindre en courãt, il estoit
contrainct de se retirer, &
de ceder la victoire au suiuant: De ceste façon celuy-
là gaignoit entierement le
prix, qui le premier de tous
portoit le flambeau tous-
iours allumé, iusques à ce
qu'on luy donnast le si-
gnal de s'en reuenir.

Ceste Fable est pleine de
plusieurs vrayes & graues
contemplations, dont les

vnes ont esté iusques à present assez bié remarquees,
sans qu'on ait aucunemét
touché aux autres. Il est
euident que Prometee si-
gnifie la Prouidence, comme il est vray que les anciens ont tiré la constitu-
tion de l'homme de la ge-
neralité de toutes choses
attribuee à la Prouidence,
comme le propre ouurage
d'elle-mesme : l'on peut
alleguer pour raison de cecy, que la nature de l'homme a le siege de la Prouidence en l'esprit, & en l'in-
tellect. Mais d'autát qu'en

certaine façon il semble
incroyable & comme im-
poſſible de tirer la raiſon
& l'entendement des prin-
cipes qui n'ont ny ſens ny
intelligence , il faut con-
clure de neceſſité que la
Prouidence eſt infuſe en
l'ame de l'homme par le
moyen du modele, de l'in-
tention & de la confirma-
tion d'vne Prouidéce plus
grande. Cecy nous eſt pro-
poſé plus particulieremét
par ceſte conſideration,
que l'homme eſt comme
le centre du móde, quant
aux cauſes finales : De ma-

niere que si l'on en retranche l'homme, il faudra que tout le reste s'esgare & chancelle d'vne part & d'autre, se diuisant de soy-mesme, sans s'acheminer à aucune fin. Car comme toutes les choses du monde seruent à l'homme, il tire l'vsage, & le fruict de chacune d'icelles : Ainsi nous voyons que les tournoyemens des estoiles seruent pour la distinction des saisons, & pour la distribution des parties du monde : que les meteores nous mettent dans les

moyés de preuoir les tem-
peftes & les orages, de tenir la vraye routte en la nauigation, & d'entrer en la
cognoiſſance des machi-
nes, & des artifices de guerre. Ainſi dis-ie les animaux
& les plantes de toutes
fortes ſont profitables à la
vie, ſoit pour ſe veſtir, ou
pour entretenir la ſanté
par medicaments, ou fina-
lement pour le plaiſir des
mortels ; ſi bien qu'il ſemble que les choſes de l'vniuers n'agiſſent ſeulement
que pour l'homme. Or ce
n'a pas eſté ſans vn grand

mystere que les Poëtes ont
feint qu'en ceste masse &
premiere preparation Pro-
metec y messa cófusément
dans la bouë les parties tirees de diuerses choses vi-
uantes, estát veritable que
de toutes les matieres con-
tenuës en ce grãd vniuers,
l'hóme est le plus mixte, &
le plus cópoté : d'où vient
qu'auec beaucoup de rai-
son les Anciens l'ont ap-
pellé vn petit monde. Il
est vray que les Philoso-
phes Chimiques esplu-
chét de trop prés la beauté
de ce mot, *Microcosme*, lors

que le prenans au pied de
la lettre ils veulét que toute forte de mineral, & de
vegetable , ou telle autre
chofe proportionnee à ce-
cy fe defcouure en l'hom-
me. Toutesfois il eft bien
certain, cóme nous auons
defia dit, que le corps humain fe trouue mixte &
organique par deffus tou-
te autre chofe, ce qui faict
que fes vertus & proprie-
tez font d'autant plus admirables : Car les forces
des corps fimples bien que
certaines & promptes à
l'operation, ne font pas en

grand nombre, parce que
le meslange ne les emouf-
se, & ne les balance non
plus en aucune façon. Or
est-il que le nombre &
l'excellence des vertus qui
se trouuent au corps hu-
main, habitent dans le
meslange & en la compo-
sition, ce qui n'empesche
point que l'homme en ses
principes ne semble estre
vne chose desarmee, nuë
& retifue à se pouuoir sou-
lager soy-mesme, comme
ayant besoin de beaucoup
de cómoditez. C'est pour-
quoy Prometee fist en sor-

te de recouurer prompte-
ment du feu, lequel four-
nit aux hommes vne infi-
nité d'allegemens & de fecours neceffaires à la vie.
Certes fi l'ame eft appel -
lee la forme des formes, &
la main l'inftrumét des in-
ftruments, c'eft auec beaucoup de raifon que le feu
merite d'eftre appellé le fecours des fecours, attendu
que de luy les arts mecha-
niques, & les fciences mefmes reçoiuent vne prom-
pte affiftáce pardes moyés
qui font infinis. La façon
auec laquelle Prometee

desrobba ce feu me semble encore fort bien descritte selon la nature de la chose. Il approcha (disent les Poëtes) du chariot du Soleil vne baguette de iong appellee ferule, pour monstrer que le feu s'engendre de la violente collision des corps, par le moyen de laquelle les matieres se subtilisent, reçoiuent mouuement, & se rendent susceptibles de la celeste chaleur. De ceste façon elles rauissent par des voyes occultes, & comme à la desrobee ce

mesme feu au chariot du
Soleil. A ceste parabole se
ioinct vne chose fort re-
marquable, à sçauoir que
au lieu de recognoistre vn
si grand bien faict, les
hommes eurent recours à
la mescognoissance, se
pleignans à Iupiter, & de
Prometee, & du feu. De-
quoy neantmoins Iupiter
fust tellement aise, qu'il
combla les commoditez
des hommes d'vne nou-
uelle liberalité. Mais à quel
propos, dira-t'on, approuuer, & recognoistre l'in-
gratitude commise contre

son autheur, puis qu'elle est vn vice qui contient tous les autres vices ensemble? Ceste allegorie se doit entendre tout autrement, à sçauoir que les plaintes des hommes faictes contre la nature, & contre l'art procedét d'vn esprit fort bien attrempé, & reüsslissent heureusement, mais que le contraire est desplaisant, & desagreable aux Dieux. Car ceux qui sont excessifs à surhausser la nature humaine, ensemble les arts qu'ils ont receus, & qui

tournent

tournent en admiration
les choſes dont ils iouyſ-
ſent, iuſques à vouloir
qu'on eſtime parfaites les
ſciences deſquelles ils font
profeſſion, ne deferent
point à la nature diuine le
reſpect qu'ils luy deuroiét
rendre, puis qu'ils ſemblét
vouloir eſgaler à ſa perfection les choſes qui leur
ſont particulieres & pro-
pres. D'ailleurs telles gens
ſont peu profitables aux
hommes, en ce que ſe fai-
ſans accroire d'auoir at-
teint au plus haut ſommet
des choſes, quand ils les

Z.

ont acheuées, ils ne cherchent point à paſſer plus
outre : au contraire ceux
qui ſe pleignent de la nature, & des arts, retiennét
veritablement en eux vn
reſſentiment d'eſprit plus
modeſte, & ſe ſentent de
iour en iour eſguillonnez
à vne nouuelle induſtrie,
& à d'autres inuentions.
Ce qui faict que ie ne puis
aſſez m'eſtonner de l'ignorance, & du mauuais ge-
nie de quelques vns, qui
pour ſeruir à l'arrogáce de
peu de perſonnes, reuerent
tellement la Philoſophie

des Peripateticiens (qui
neantmoins n'eſt qu'vn
petit eſchantillon de la ſa-
geſſe des Grecs) qu'ils rendent non ſeulement inuti-
le, mais encore ſuſpecte,
& comme perilleuſe toute
accuſation faicte contre
elle-meſme. A quel propos
approuuer l'opinion d'vn
Empedocles furieux &
hors de ſoy-meſme, ou celle d'vn Democrite, lequel
auec plus de modeſtie, dit
en ſe plaignant, que tou-
tes choſes nous ſont ca-
chées, que nous ſommes
de vrais ignorás, que nous

ne voyons rien, que la verité demeure comme fub-
mergee au profond d'vn
puits, & que le faux fe mef-
le d'vn eftráge façon auec
le vray. Et toutesfois cefte
opinion des Academiciés
ne f'eftant point tout à fait
iettee dans l'excez, poffi-
ble vaudroit-il mieux ap-
prouuer Empedocles &
Democrite, que l'efcole
d'Ariftote, pour auoir eu
trop bóne opinion de foy-
mefme. Les hommes doi-
uent donc eftre auifez en
cecy, que les accufations
de la nature des arts font

fi agreables à Dieu, qu'elles impetrent de la diuine
bôté de nouuelles aumof-
nes, & de nouueaux dóns;
que les plaintes de Prometee, bien qu'autheur, &
maiſtre, quelques fortes &
violentes qu'elles fuſſent,
ſont plus ſaines & plus vtiles que les ſuperfluës actiós
de graces; finalement que
penſer d'eſtre bien riche,
eſt vne choſe qui ſe doit
mettre entre les princi-
paux ſujects de la pauure-
té. Quant au don que les
hommes receurent des
Dieux pour auoir accuſé

Prometee (qui fuſt vne
fleur de perpetuelle ieu-
neſſe) il eſt tel que les Anciens ſembloient n'auoir
perdu l'eſperance de trouuer des medicamens & des
remedes propres à retar-
der la vieilleſſe, & à pro-
longer la vie. Ils ont mis
auſſi ces remedes au rang
des choſes que les hómes
ont perduës par leur non-
chalance, apres les auoir
poſſedees (ſi bien qu'elles
ſont reſtees ſans effet) pluſtoſt qu'entre celles qui
leur ont eſté tout à faict
deſniees. Car il eſt euident

qu'apres que les hommes
eurent appris le vray vsage
du feu, & que les abus qui
se cómettent dans les arts
furent manifestemét des-
couuerts, la diuine liberalité ne faillit pas d'octroyer
tous ces dons aux hómes,
qui firent vne gráde faute
de les mettre sur le dos d'vn
asne paresseux & retif. Cét
asne ne semble estre autre
chose que l'experiéce si as-
soupie & si lasse d'aller, que
ses pas de tortuë & tardifs
ont donné lieu à ceste ancienne plainte, que la vie
est courte, & l'art fort lóg.

Et de verité c'est mon opinion que les deux facultez
de la Dogmatique n'ont
iamais esté bien ioinctes
ensemble, & qu'on a mis
ces nouueaux dós de Dieu
sur vne certaine Philoso-
phie abstracte, comme sur
vn leger oiseau, ou sur la
tardiue & paresseuse experience, comme sur vn asne
retif. Il est vray que cest
asne ne nous seroit pas vn
augure d'vn trop grand
mal, si les accidens du chemin & de la soif ne le tra-
uerfoient. Ie pense pour
moy que si quelqu'vn s'at-

tache

che constamment à l'expe-
rience comme à vne cer-
taine loy, il ne portera pas
en vain les accroissemens
de la liberalité Diuine,
pourueu qu'au milieu du
chemin il ne luy vienne
vne soif de ces vaines experiences, qui regardent
le gain & la vanité, & qu'il
quitte là toutes ces altera-
tions pour mieux porter
le fardeau dot il s'est chargé. La fable adjouste, que
ce don de ieunesse passa
des hommes aux serpens,
tant par vne maniere d'ornement, que possible

pour les faire rougir de
honte en leur monstrant
comme ny par le moyen
de leur feu, ny de tous les
preceptes de l'art, ils ne
peuuent acquerir vne cho-
se que la mesme nature a
donnée à plusieurs autres
animaux. Quant à la sou-
daine reconciliation des
hommes auec Prometee,
apres estre descheus de
leurs esperances, elle contient en soy vn aduis prudent & vtile, comme ap-
prenát aux hommes com-
bien est grande leur incó-
stance & leur temerité,

en matiere d'experiences
nouuelles. Car si l'effect
ne reüssit selő leurs desirs,
ils abandonnent aussi tost
l'entreprise commencée;
& retournans hastiue-
mét à leurs premieres coustumes, se reconcilient a-
uec elles. Ayant descrit l'e-
stat de l'homme, & tout
ce qui touche les arts & les
choses intellectuelles , la
Fable passe plus auant à la
Religiő : car le culte diuin
accompagna l'exercice des
arts , & fut aussi tost sa-
ly par l'hypocrisie, c'est
pourquoy par ce double

sacrifice nous est fort à
propos representée la personne du vray Religieux,
& de l'hypocrite aussi. En
l'vn le sacrifice est gras, &
les flammes auec les dou-
ces odeurs en môtent iuf-
ques au Ciel, c'est à dire
les sinceres affections, &
le zele à la gloire de Dieu;
outre qu'au dedans se
voyent les entrailles de la
charité, & les chairs profitables & saines: Mais pour
le regard de cest autre il n'a
que les os arides & secs,
qui neantmoins remplif-
sent la peau & ressemblent

à quelque belle hostie.
Par où nous sont deno-
tées les apparences de
ceux qui soubs de beaux
semblans de pieté font mi-
ne d'estre gens de bien par
des actiôs desguisées d'hypocrisie, & qui seruent
plustost à vne vaine mon-
stre qu'à vne deuotion veritable. Ce que ie treuue
encore plus deplorable en
cecy, est, qu'il ne suffist
point à ceux-cy d'offrir
de semblables sacrifices à
Dieu, s'ils ne font accroire
aux autres que c'est Dieu
mesme qui les a esleus à

ceſt effect. Le Prophete ſe
plaint de telles gens quãd
il dict en la perſonne de
Dieu : *Num tandem hoc eſt
illud ieiunium quod elegi , vt
homo animam ſuam in diem
vnum affligat, & caput inſtar
iuncea demittat?*

Apres l'eſtat de la Reli-
gion, la parabole ſe tourne aux couſtumes, & aux
conditions de la vie hu-
maine. C'eſt vne choſe aſſez commune, & rappor-
tée fort à propos, que Pandore ſignifie la luxure &
la volupté, laquelle apres
les arts & les fonctions de

la vie ciuile s'embraze de
ses propres plaisirs com-
me du don du feu ; d'où
vient qu'on la tient creature de Vulcan, parce que
c'est luy qui represente le
feu. De ceste volupté comme d'vne source se sont es-
pandus sur la terre des
maux infinis, tant au corps
qu'en l'ame des hommes,
& pareillement en leurs
biens ; à quoy se joinct le
trop tardif repentir. Bref
c'est elle qui a ruiné l'estat
de chacun en particulier,
& en general les Republi-
ques & les Royaumes. Il

A a iiij

est vray encore que de ceste fontaine les guerres, les
troubles, & les tyránies ont
pris leur premiere origine.
Icy l'on peut remarquer
fort à propos que ceste Fable nous depeint genti-
ment deux conditions de
vie, côme autant de mode-
les & de pourtraicts, sous
les deux personnes de Prometee , & d'Epimetee.
Ceux qui suyuent la secte
d'Epimetee n'ont point
de preuoyance, & ne sça-
uent aucunement consi-
derer les euenemens. Ils ne
font estat que des choses

presentes & delicieuses à
leur goust; ce qui est cause qu'ils sont trauaillez d'v-
ne infinité d'angoisses &
de miseres, qui ne cessent
de leur faire la guerre. Cependant ils ne laissent pas
de se dôner du bon temps;
& mesme pour le peu de
pratique qu'ils ont des
choses du monde, ils vont
roulant dans leur esprit
plusieurs vaines esperan-
ces desquelles ils s'entretiennent comme de quel-
que songe agreable ; ce
qui leur semble seruir en
certaine façon pour adou-

cir l'amertume de leur mi-
sere. Le mesme n'aduient
pas aux escholiers de Prometee, c'est à dire aux
hommes prudens, lesquels
par la consideration de
l'aduenir euitent subtile-
ment plusiéurs disgraces
qui les menacent, & les re-
iettent bien loing. Mais il
est vray aussi que tels hommes se priuent volontairement de beaucoup de plai-
sirs, qu'ils sont cóme trai-
stres à leur inclinatió, & ce
qui est encore pire, qu'ils
se trauaillent & se con-
sument eux-mesmes d'vne

infinité d'apprehensions,
& de soins. Ainsi liez qu'ils
sont contre les roches de
la necessité, des soucis sans
nombre (signifiez par l'aigle , parce qu'ils sont vola-
tiles) les mordent & les
rongent au plus profond
des entrailles: Que s'il aduient par fois que la nuict
donne quelque relasche à
leur mal , & les laisse vn
peu respirer, c'est de telle
sorte qu'ils retournét aussi
tost à leurs premieres inquietudes, & à leurs ordinaires apprehésions. Tel-
lement qu'il se trouue peu

de perſonnes ſi heureuſes
d'vn, & d'autre coſté, de
iouyr enſemble des com-
moditez de la preuoyan-
ce, & d'eſtre libres des
maux qui mettent vn eſ-
prit en deſordre. Nul ne
peut atteindre à vn ſi par-
faict bon-heur autrement
que par le moyen d'Her-
cule, c'eſt à dire, de la force
& de la conſtance, laquelle a cela de propre d'eſtre
touſiours preſte contre
toutes ſortes deuenemés,
de ſe monſtrer eſgale dans
les faueurs, & dans les diſgraces de la fortune, de

preuoir sans apprehésion, de iouyr sans ennuy, & d'endurer sans impatiéce. D'ailleurs on peut remarquer que ceste vertu de Prometee n'estoit point naturelle, mais bien accidentaire, & acquise pour l'assistance d'autruy; Car il est vray qu'aucune force naturelle ne pouuoit suffireà vn si grand effect. Prometee receut donc ceste vertu de l'Ocean,& du Soleil, puis il l'apporta sur la terre;par où nous est monstré, qu'elle mesme se tire de la sagesse comme du

Soleil, enfemble de la me-
ditation de l'inconftance,
& des flots de la vie hu-
maine, qui battent les
pauures mortels, comme
ceux qui nauigent fur l'O-
cean. Virgile a fort bien
ioinct ces deux chofes
quand il a dict,

Heureux l'homme qui peut auoir
la cognoiffance
Des chofes d'icy bas, & qui fçait
furmonter
La Peur, & le Deftin qu'on ne
peut euiter,
De l'auare Acheron mefprifant la
puiffance.

La Fable adioufte encore
fort gentimét pour mieux

renforcer, & confoler le courage des hommes, que ce grand Heros paffa la mer dans vne couppe, afin qu'ils ne f'eftonnent trop par la confideration des angoiffes & fragilitez de la nature, & qu'en f'excufant ils ne difent qu'elle n'eft point capable de tant deforce, & d'vne fi grande conftance. Le Philofophe Seneque nous remet en memoire cecy lors qu'il dit, *Que c'eft vne grande chofe d'auoir enfemble la fragilité d'vn homme, & l'affeurance d'vn Dieu.* Mais il est temps maintenant de reprendre vn poinct que i'ay à dessein laissé en arriere, pour n'interrompre la liaison des choses, à sça- uoir l'effort que fit Pro- metee, à la pudicité de Mi- nerue. Ce fust veritable- ment pour punition de ce crime, qu'vne aigle luy deschira les entrailles. Ce- la nous est vn symbole de l'extreme vanité des hom- mes, lesquels enflez d'or- gueil pour la cognoissan- ce qu'ils ont des arts, & des sciences, taschent bien souuét de sousmettre aux sens,

fens, & à l'humaine raiſon
la ſapience diuine, d'où
ſ'enſuit infailliblement la
ruine de leur eſprit, & vn
chagrin qui les eſguillon-
ne touſiours. Il faut donc
auec vn iugement ſobre
& modeſte faire diſtinctió
des choſes humaines , &
des diuines, & des oracles
des ſens auec ceux de la
foy, ſi ce n'eſt poſſible que
les hommes ſe laiſſent emporter à des maximes He-
retiques, & à ie ne ſçay
quelle Philoſophie capri-
cieuſe. Venons mainte-
nant aux feſtes, & aux ieux

B b

instituez à l'honneur de
Prometee, où les hommes
couroient, ayans en main
des flambeaux ardans. Ce-
cy appartient proprement
à la cognoissance des arts,
& des sciéces, & côtient en
soy ce prudent aduis, qu'il
faut attédre la perfection
des sciéces de la succession
des fatigues, pluftost que
de la promptitude & viua-
cité d'aucun. Car il se peut
faire que ceux qui ont
plus de viftesse à la course
ne sont pas si propres à cô-
seruer leur flambeau touf-
jours allumé, estant veri-

table qu'on peut aussi tost
esteindre vn flambeau en
courant viste, qu'en allant
bellement. Mais il semble
que jà de long temps l'on
quitte tout à fait ces cour-
ses & ces combats : Car
nous voyons que les sciences ont fleury principalement sous leurs premiers
autheurs, côme par exem-
ple au temps d'Aristote, de
Galien , d'Euclide & de
Ptolomee, & que la po-
sterité n'a faict ny tasché
de faire beaucoup de cho-
ses. L'on deuroit donc
bien desirer que ces ieux

à l'honneur de Prometee ou de l'humaine nature, se renouuellassent, que l'emulation, & la bonne issuë entrassent en lice, & que la science ne dependit point du tremblottant, & fresle flambeau d'vn seul. Cela doit inciter les hommes à s'esueiller, & à faire preuue de leurs forces, afin de ne croire que tout le fonds de la science depende du foible cerueau d'vne poignee de gens. Voila ce qui me semble auoir esté esbauché par ceste Fable assez cómune, & publiee

par les escrits des Anciens:
Ie ne puis nier qu'en icelle
ne soient encore cachées
plusieurs grandes choses,
lesquelles auec vn accord
merueilleux aydé au my-
stere de nostre foy. Mais
il me semble sur tout que
la nauigation d'Hercule
dans vne couppe, pour la
deliuráce de Promeree est
vne figure du Verbe eter-
nel descendu du Ciel, &
enclos dans le fraisle vais-
seau de la chair humai-
ne pour la redemption
des mortels. Ceste ma-
tiere est si haute, que ie

m'oste à moy mesme tou-
te licence d'en discourir,
afin que ie ne me serue
d'vn feu estranger & em-
prunté pour l'allumer sur
l'Autel du Seigneur.

SCYLLA, ET
Icare, ou, la voye du milieu.

XXVII.

LA mediocrité ou la
voye du milieu est
grandement loüable és
choses morales, és intellectuelles moins estimee,

mais profitable & vtile. Il
est vray qu'en matiere
d'affaires Politiques feulement elle est fort fufpe-
Ate, fi bien que l'homme
f'en doit feruir auec iugement. En ce qui touche
les chofes morales, la mediocrité nous est demon-
ftree par le chemin pref-
crit à Icare; & pour le regard des intellectuelles,
par le deftroit qui fe trouue entre Scylla, & Caryb-
de, efcueils rendus fameux
par les perils qu'on y
court. Icare euft comman-
demét de fon pere, qu'ayāt

à trauerser la mer par son
vol, il n'allast ny trop haut,
ny trop bas, de peur que
ses aisles de cire ne luy fissent courir fortune, s'il aduenoit que s'esleuant trop
haut la cire fondit aux rais
du Soleil ; ou que l'humi-
dité de la vapeur de la mer
ne la rendist moins gluan-
te, s'il en approchoit de
trop prés. Mais Icare em-
porté d'vne fougue de ieunesse voulut s'esleuer trop
haut, & ainsi se precipita
dans la mer.

Ceste Feinte assez facile
& commune monstre que
la

la voye de la vertu s'ouure
droictement entre le de-
faut & l'excez. Il ne faut
pas s'estonner si la ruine
d'Icare s'ensuiuit de l'excez, vice commun aux ieu-
nes gens , comme le de-
faut l'est à la vieillesse. Ce
nonobstant de ces deux
extremitez , ou de ces
voyes vicieuses, il choisit
celle qui l'estoit le moins;
car le defaut est estimé
tousiours pire que l'excez;
veu que ce dernier a ie ne
sçay quoy de magnanime,
qui s'auoisine du Ciel, &
vne certaine ressemblance

auec le vol de l'oyseau ; là
où le defaut s'en va ram-
pant par terre auec les rep-
tiles. C'est pourquoy He-
raclite dit fort bien que la
lumiere qui est seiche est
vne fort bonne ame ; car si
l'ame s'abbreuue de l'hu-
meur de la terre , elle de-
genere entierement , bien
que d'vn autre costé la mediocrité y soit requise, afin
que ceste secheresse rende
la lumiere plus subtile,
sans abboutir neãtmoins
à vn embrasemẽt. Or d'au-
tant que ces choses sont
assez cogneuës d'vn cha-

cun, ie viens au deſtroit de
Scylle, & de Carybde, où
il eſt beſoin d'auoir de l'experience en la nauigation,
& vn peu de bonne fortu-
ne;car ſi les vaiſſeaux choc-
quentScylle de cas fortuit,
ils ſont bris contre les eſ-
cueils , & ſont engloutis
par lesbancs de ſable ſ'ils
coſtoyét Carybde de trop
prés. La principale force
de ceſte Fable ſemble eſtre
(car nous la toucherons
ſuccinctement,bien qu'el-
le attire auec ſoy vñe longue cótemplation) qu'en
quelque doctrine & ſcien-

ce, que ce soit en matiere
de preceptes & de maxi-
mes, il faut tousiours tenir vn milieu entre les di-
stinctions, & les golphes
des choses vniuerselles,
parce que ces deux bancs
sont forts subiects à expo-
ser au naufrage les esprits
& les arts aussi.

SPHINX,

ou, la Science.

XXVIII.

LEs Anciens ont tenu
le Sphinx pour vn mô-

stre qui paroiſſoit diuerſe-
ment à la venë. Il auoit le
viſage & la voix d'vne ieune fille, les plumes d'vn oiſeau, & les pieds d'vn grif-
fon. Sa demeure ordinai-
re eſtoit au pays de Thebes
ſur le ſommet d'vne haute
montagne, d'où il ſortoit
pour ſe mettre en embuſ-
che és grands chemins;
puis aſſailly qu'il auoit, &
reduit ſous ſa puiſſance les
voyageurs, il leur propo-
ſoit certains Enigmes em-
brouillez & obſcurs,
qu'on eſtimoit venir de la
part des Muſes. Si ceux auſ-

Cc iij

quels il les propoſoit
eſtoient ſi malheureux de
ne ſçauoir expliquer & reſoudre ſes demandes con-
fuſes, & ambiguës, il les
deſchiroit auſſi-toſt. Ceſte
miſere ayant duré long
temps, les Thebains pro-
poſerent pour recompen-
ſe l'Empire de Thebes à
quiconque pourroit ex-
pliquer les Enigmes du
Sphinx, puis qu'il n'y auoit
point d'autre moyen pour
le vaincre. La grandeur de
ce ſalaire eſmeut tellemét
Oedippe homme prudét,
& plein de viuacité, mais

incommodé de ſes jam-
bes, qu'il ſe reſolut d'en
venir à l'eſpreuue. S'eſtant
donc preſenté au monſtre
auec beaucoup de côfian-
ce de promptitude, il luy
demanda quel pouuoit
eſtre l'animal qui vient au
monde à quatre pieds, qui
n'en a que deux par apres,
puis trois, & à la fin quatre
comme auparauát. Oedip-
pe reſpondit à cecy ſans
ſ'eſtonner, que cet animal
n'eſtoit autre que l'hom-
me, lequel apres eſtre né
ſemble aller à quatre pieds
durant ſon enfance, ſe ſou-
Cc iiij

ſtenant par le moyen de ſes jambes & de ſes mains; mais deuenu grandelet au bout d'vn temps, il ne ſe ſert que de deux pieds, iuſqu'à ce qu'en ſa vieilleſſe il prend vn baſtó pour ſ'appuyer, ſi bien qu'il ſemble auoir trois pieds : & finalemẽt en ſon dernier aage ſes nerfs eſtans affoiblis il demeure couché dans ſon lict, où il rampe comme ſ'il en auoit quatre. Oedippe ayant gaigné la victoire par ceſte veritable reſponce, donna la mort au monſtre, dont le corps

fut mis fur vn afne, & ainfi
mené en triomphe. D'a-
uantage l'on le fit Roy des
Thebains conformément
aux conditions accordees.

Cefte Fable qui n'eft
pas moins ingenieufe que
belle , femble auoir efté
feinte fur la fcience ioincte à la pratique : car ce
n'eft pas fans raifon que la
fcience peut eftre appellee
vn monftre, à caufe qu'elle produict dans les efprits
des ignorants d'eftranges
eftonnemens : Elle eft dif-
feréte de figure & de veuë
pour les diuerfitez des fu-

jects ausquels elle s'occup-
pe; sa face ressemble à celle d'vne femme, & sa voix
aussi, à cause de sa grace &
de son discours. On luy
donne des aisles, parce
que ses inuentions discou-
rent & vollent à mesme
temps : car les sciences se
communiquent entre el-
les, comme nous voyons
qu'en vn instant vn feu en
allume vn autre. C'est fort
à propos qu'on luy attri-
buë des griffes aiguës &
rauissantes, pour monstrer
que les arguments & les
axiomes des sciences pene-

trent bien auant dans l'efprit, & qu'ils s'attachent
à luy de telle forte, qu'il
luy eft prefque impoffible
de bouger, ny de fe deli-
urer. Le fainct Philofophe
remarque cecy, lors qu'il
dit, *Que les paroles des Sages
font comme des aiguillons &
des cloux qui penetrent fort
auant.* Or il n'eft point de
fcience qui ne femble faire fa demeure au fommet
des montaignes : car on la
tient de foy pour vne chofe fublime, & qui d'en
haut defcouure l'ignoran-
ce de toutes parts comme

du sommet de quelque rocher. L'on feint encore que la science se met en embusche aux chemins publics, parce qu'en quelque lieu qu'on se trouue durant ce pelerinage de la vie humaine, il se presente tousiours assez de matiere & de suject à la contemplation. Ce monstre propose aux hommes des questions difficiles, & des enigmes diuers, appreuuez des Muses, & possible ennemis de la cruauté durāt qu'ils font leur sejour parmy elles. Car tant que nos estudes, nos meditations, & nos recherches n'ont point d'autre fin que la science, l'entendemét n'est ny resserré ny gesné:au cótraire il discourt libremét, & quelque doute qu'il puisse auoir, il semble ressentir vne espece de plaisir. Mais depuis que ces enigmes passent des Muses au Sphinx, c'est à dire, à la practique, si bien qu'ils mettent en inquietude l'action, l'election, & la resolution,c'est alors que les enigmes commencent d'estre fascheux& cruels,d'où s'enfuit qu'en cas qu'on ne les puiffe expliquer, ny refoudre, ils trauaillent eftrâgement les efprits des hommes, iufques à les diftraire de toutes parts, & les defchirer entierement. C'eft pourquoy deux conditions fe propofent en cet enigme, à fçauoir la ruine de l'efprit à celuy qui ne les fçait expliquer, & l'empire à quiconque en donne l'intelligence : Car l'homme qui entend bien vne chofe, en acquiert la fin, & il n'eft point d'ou-urier qui n'ait de l'empire

sur son ouurage. Bref ces
enigmes sont de deux sor-
tes, dont l'vne comprend
la nature des choses, &
l'autre celle de l'homme:
Aussi deux empires sont
les recompenses de ceux
qui les sçauent expliquer,à
sçauoir l'empire sur la nature , & l'empire sur les
hommes. La propre& der-
niere fin de la vraye Phisi-
que n'est autre que l'em-
pire sur les choses naturelles,c'est à dire sur les corps,
sur la medecine, & sur vne
infinité d'autres choses,
biē que dās les escholes les

Professeurs se contentans de tout ce qui se presente d'abord, semblent mespriser, & côme reietter tãt les choses que les effects. L'enigme proposé à Oedippe, & pour l'explication duquel il s'acquist l'Empire de Thebes, appartenoit à la nature des hommes. Aussi celuy qui a penetré comme il faut dans la nature de l'homme, peut de soy-mesme forger sa fortune & se dire né pour commander, chose qui fust attribuee autresfois aux arts des Romains.

Souuienne

Souuienne toy, Romain, de regir
soubs tes loix
Les peuples de la terre, &c.

Suyuant ce que ie viens de dire, ce ne fuſt pas ſans ſujet qu'Auguſte Ceſar priſt pour embleme le Sphinx, ſoit à deſſein, ou de cas fortuit. Et vrayemét ce Prince plus ſçauant que tout autre aux maximes d'Eſtat, expliqua fort heureuſemét durant le cours de ſa vie pluſieurs enigmes ſur la nature de l'homme : En quoy ſ'il euſt máqué d'inclination, & de viuacité, il fuſt tombé pluſieurs fois

en des perils manifeftes,&
qui euffent attiré fa ruine.
La Fable adioufte que le
corps du monftre vaincu
fuft mis fur vn afne, ce qui
me femble inuenté auec
beaucoup de gentilleffe,
pour monftrer qu'il n'eft
point de chofe fi fubtile,
ny fi cachee qui ne puiffe
eftre comprife par vn ef-
prit pefant & retif, apres
auoir efté publiee, & bien
entenduë. Il ne faut point
oublier icy, que le Sphinx
fuft vaincu par vn hom-
me, qui auoit les iambes
toutes gaftees, eftant cer-

tain que ceux qui cou-
rent à la haste à l'explication des enigmes, sont en
fin vaincus par le Sphinx,
& qu'au lieu de venir veritablement aux raisons &
aux effects, ils ne font que
lasser & deschirer leur esprit à force de controuer-
ses & de disputes.

Dd ij

PROSERPINE,
ou, l'Esprit.

XXIX.

L'On dit de Pluton que l'enfer luy estât escheu en partage, il perdit toute esperance de se pouuoir iamais marier auec quelque Deité celeste, s'il y procedoit par les voyes ordinaires d'amour : si bien qu'il faloit de necessité qu'il tournast ses desseins au rauissement. Il sceut donc si bien prendre son

temps, qu'il rauit Proſerpine fille de Ceres, tan-
dis qu'elle cueilloit des
narciſſes dans les prairies
de la Sicile , & qu'ainſi
l'ayant enleuee dans ſon
coche, il la mena droiɕt
aux lieux ſouſterrains. A
ſon arriuee elle fuſt re-
ceuë fort honorablement,
& appellee Royne des En-
fers : cependant ſa mere
Ceres ne pouuant trouuer
en aucune part ceſte ſien-
ne fille qu'elle aymoit vni-
quemét, en fuſt ſi faſchee,
qu'elle ſ'en alla courir tout
le monde, tenant en main

vn flambeau allumé pour la defcouurir plus facile-ment. Mais comme elle vid que toute cefte recher-che eftoit vaine, & qu'il y auoit quelque apparence que fa demeure eftoit aux Enfers ; elle euft recours aux gemiffemens, & aux larmes, ne ceffant d'impor-tuner Iupiter de luy faire rendre fa fille. En fin fes prieres luy firent obtenir, que fi Proferpine n'auoit encore goufté d'aucune chofe de celles qui eftoiét en Enfer, il feroit permis à Ceres de l'enleuer; con-

dition qui fuſt grandemét
contraire à Ceres , parce
qu'il ſe trouua que Proſerpine auoit mangé trois
grains d'vne pomme de
Grenade : ce nonobſtant
Ceres ne quittant point
ſon entrepriſe recourut
derechef aux plaintes &
aux prieres. De maniere
que Iupiter ordonna que
Proſerpine partageant le
temps de l'annee ſeroit ſix
mois auec ſon mary, & au-
tant de temps auec ſa me-
re. Il aduint depuis que
Theſee, & Pirythoüs taſ-
cherent auec vne meruueil-

leuse audace d'enleuer
Proserpine de la couche
de Pluton: mais le malheur
vouluft pour eux que las-
sez du chemin apres estre
arriuez là bas, ils s'allerent
asseoir sur vne pierre, d'où
ils ne peurent iamais bouger, ains y demeurerent
eternellement attachez.
Le Royaume des Enfers
demeura doncques à Pro-
serpine, à laquelle fuft de-
feré vn excellent priuilege: c'estoit vne loy gene-
rale que quiconque des-
cendroit aux Enfers n'en
pourroit iamais reuenir.
Or

Or à ceste loy l'on adiousta
vne exception qui fut telle, que si quelqu'vn por-
toit vn rameau d'or en la
maison de Proserpine, il
auroit moyen d'aller en
ces lieux, & d'en reuenir.
Ce rameau vnique en son
espece se trouuoit dans
vne grande & obscure fo-
rest, sans auoir aucune ti-
ge. Il poussoit d'vn autre
arbre que du sien ses ra-
meaux dorez, dont les
fueilles ressembloiét à des
gluaux : que si l'on en
couppoit vn, il en croissoit
aussi tost vn autre.

E e

Ceste Fable, qui appar-
tientà la nature, semble es-
plucher de prés la force, l'a-
bondance, & la fecondité
qui se trouue aux lieux
foufterrains : c'eft d'où les
chofes du móde emprun-
tent leurs reiettós, & leurs
germes, iufqu'à ce qu'elles
retournent à leur premier
eftre, & qu'il s'en faict vne
entiere refolutió. Par Proferpine les Anciens ont
voulu fignifier ceft efprit
celefte qui fe cache & fe
renferme dans la terre, re-
prefentee par Pluton ; cet
efprit, dis-je, qui feparé du

globe superieur se retient
soy-mesme, cóme il nous
est declaré par ces vers,

Soit que par sa fraischeur il faille
 que la terre
Les semences du Ciel dans ses vei-
 nes resserre.

L'on feint que ce mesme
esprit a esté enleué de terre,
par ce qu'il est impossible
de le rédre fixe, tant qu'on
luy donne le temps de se
rendre volatille par le dehors : si bien que par vne
soudaine distraction on le
voit congeller & fixer, cóme si quelqu'vn vouloit
messer ensemble l'air auec

l'eau, ce qui ne se peut autrement que par le moyen
d'vne circulation rapide,
& precipitee : par ainsi
l'on voit ces deux corps as-
semblez dans leur propre
escume, & l'air comme en-
leué hors de l'eau. Cen'est
pas sans suject qu'on ad-
iouste, que le rauissement
de Proserpine aduint lors
qu'elle cueilloit des Nar-
cisses sur les vallees, parce
que Narcisse prend son
nom de l'assoupissement
qui le saisit quand il fust
changé en ceste fleur. Cela
nous apprend qu'il faut

rauit l'esprit de la matiere
terrestre, le preparer, & le
disposer, quand il com-
mence de s'endurcir & de
se congeler. C'est encore
auec vne grande raison
qu'on attribuë à Proserpine vn honneur qui n'ap-
partient à aucune autre
Deité, quand on l'appelle
dame & maistresse de Dis,
parce que cest esprit gou-
uerne toutes choses en ces
lieux sousterrains, sás qu'il
semble que Pluton, qui
en est estonné, s'en apper-
çoiue luy mesme. C'est encore cet esprit que les for-

ces celestes, denotees par
Ceres, taschent de tirer, &
de reünir auec vn soing
merueilleux. Quát au flambeau tout ardent qui se
voit dans la main de Ce-
res, il nous figure sans doute le Soleil qui court autour de la terre, & qui auroit plus de force que toute autre chose à recouurer
Proserpine, si cela se pouuoit, & si elle ne demeu-
roit immobile, & ferme.
La raison de cecy nous est
fort bien expliquee par les
conditions accordees en-
tre Iupiter & Ceres, estant

certain qu'il y a deux
moyens de resserrer l'es-
prit en vne matiere solide
& terrestre. Le 1. se peut par
obstruction, ou constipa-
tion, qui est vne pure violéce & vn emprisonnemét:
Le 2. par l'administration
de l'aliment proportion-
né: en quoy ne se trouue
rien de violét, ny qui agis-
se auec resistance: car l'esprit enclos trouuant de-
quoy se nourrir ne cher-
che point à se rendre volatille, ains il demeure fixe en
sa propre terre. Cela nous
est demonstré par la pom-

me de grenade que Pro-
serpine gousta; qui fust
cause que sa mere Ceres ne
la peust tirer des Enfers,
lors qu'à cet effect elle s'en
alloit tournoyant tout le
monde auec vn flambeau.
Aussi l'esprit qui se trouue
és metaux & dans les corps
mineraux s'y resserre prin-
cipalemét à cause de la so-
lidité de leur masse: Mais
celuy des animaux & des
plátes habite des corps qui
sont poreux, tellemét que
le chemin d'en sortir luy
seroit ouuert, s'il n'y estoit
retenu par le goust, & par

le plaisir qu'il y prend.
Quant à la condition de
six mois, elle n'est autre
qu'vne gétille description
de la diuision de l'an, veu
que cest esprit espãdu par
la terre pour le regard des
choses vegetables, s'esleue durant l'Esté aux par-
ties d'en haut, & se rencontre en Hyuer en celles d'en
bas. Ie viens maintenant
à l'effort que Thesee & Pi-
rithoüs firent ensemble de
mettre Proserpine hors des
Enfers. Ce nous est vn exé-
ple qu'il aduient souuent
que les plus subtils esprits

qui sur la terre descendent
dans plusieurs corps, ne
peuuent si bien faire, que
de tirer & vnir à eux les esprits sousterrains, mais
qu'au contraire fixes qu'ils
sont vne fois, & incorpo-
rez, ils ne s'esleuent iamais
plus en haut, tellemét que
Proserpine augmente par
leur moyen, & son empi-
re & son monde. Pour le
regard du rameau d'or, ie
diray, que c'est icy que
nous ne pouuós plus sou-
stenir l'effort des Philosophes Chymiques, qui se
promettent des monta-

gnes d'or, de reformer entierement les corps natu-
rels, & de les tirer par maniere de dire de leur Enfer.
Quoy qu'il en soit, il est
certain que la Chymie ne
peut auoir vn fondement
en la Theorie. I'ay belle
peur encore que la practique d'elle mesme n'ait au-
cunes erres asseurées. Ie la
laisse donc à part, pour venir à ce dernier poinct de
nostre Fable. Nous auons
vne cognoissance certai-
ne, tiree de plusieurs figures des Anciens, qu'ils
n'ont pas tenu pour vne

chose du tout impossible,
de pouuoir en quelque
partie renouueller, & re-
former les corps naturels;
bien que neantmoins tel-
le chose leur ait tousiours
semblé cachee, & hors de
la voye ordinaire. A quoy
se rapporte possible ceste
feinte, que ces rameaux
d'or se trouuoiét dans vne
espaisse forest entre vne infinité d'autres arbres. Ils
ont feint qu'il estoit d'or,
pour denoter la lon-
gue duree de ce metal, le
representant comme en-
té, à cause que c'est de l'art

seulement qu'il faut espe-
rer vn tel effect, & non
d'aucune medecine, non
plus que d'aucun moyen
qui soit naturel & simple.

METIS,
ou, le Conseil.

XXX.

L'Ancienne Fable ra-
cóte que Iupiter ayant
espousé Metis, c'est à dire
le Conseil, elle demeura
enceinte de luy. Dequoy
le pere des Dieux s'estant
aduisé, il la deuora tout

aussi tost, sans vouloir attendre qu'elle accouchast, si bien que luy-mesme deuint gros, & enfanta Pallas, qui par vn merueilleux effect nasquist de son ceruueau toute armee.

Le sens de ceste Fable, qui d'abord semble vrayement mõstrueuse, & hors de toute apparence, contient vne grande maxime d'Estat ; car elle monstre auec quelle industrie les Roys ont accoustumé de se gouuerner en leurs Cõseils, afin de conseruer ensemble leur Grandeur &

leur Majesté, & d'en aug-
menter la force & l'esclat
enuers leurs subjects. Les
Princes tiennent pour ma-
xime, que c'est vne chose
qui ne deroge nullement à
leur Majesté, d'estre comme mariez auec leur Con-
seil, & de n'entreprendre
rien que par l'aduis de
leurs Conseillers, principalement en matiere d'af-
faires qui sont importan-
tes à leur Estat. Ce nonobstant quand il est question
de faire vn Edict (action
qui correspond à l'enfan-
tement) en tel cas ils ne

permettent point à leur
Conseil de passer plus outre, afin qu'il ne semble
que ces procedures depen-
dent de la volonté de leur
Conseil. C'est pourquoy
les Princes (si ce n'est en
matiere de choses dont ils
desirent effacer la haine &
l'inimitié) ont accoustumé de rapporter à eux-
mesmes tout ce qui a esté
faict par leurs Conseillers,
& comme formé dans le
corps de leur Conseil, afin
qu'il semble que l'Edict
prononcé ne soit venu
d'autre que d'eux, nō plus

que

que l'execution, laquelle
est fort proprement figu-
ree par la deesse Pallas,qui
nasquist toute armee. Ce
qui mostre que tels arrests
sortent auec vne pleine
puissance, & qu'ils attirét
auec eux vne certaine ne-
cessité. Or il ne suffit point
que l'authorité d'vn Roy
soit ioincte à telles executions,non plus qu'vne vo-
lonté qui ne soit subiecte
à personne, s'ils n'ont des
hommes qui de leur pro-
pre chef, c'est à dire par
leur prudence, ne mettent
au iour la resolution , &
F f.

l'ordonnance vne fois
conceuë.

LES STRENES,
ou, la Volupté.

XXXI.

LA Fable des Syrenes
s'approprie fort bien,
mais en vn sens assez commun, aux pernicieux alle-
chemés de la Volupté. Sur-
quoy ie diray que la Sagesse des Anciens est comme
vn raisin qui n'a pas esté
bien esprainct ; car quelque chose qu'on en puisse

tirer, le meilleur y demeure touſiours. Les Syrenes
filles d'Acheloüs, & de
Terpſichore, qui eſt vne
des neuf Muſes, eurent des
aiſles du commencement:
mais elles en furent en fin
priuees pour auoir teme-
rairement deffié les Muſes.
De leurs plumes les Muſes
en firent des guirlandes, &
depuis elles eurent touſ-
jours des aiſles ſur leur
chef, hors-mis la mere des
Syrenes. Leur ſejour ordinaire eſtoit en certaines Iſles delicieuſes, d'où deſ-
couurans les nauires qui

venoient de loing , apres
les auoir abordees , elles
amusoient premierement
par leur chant ceux qui na-
uigeoient , puis les char-
moiét de telle sorte qu'elles leur dónoient la mort,
s'il leur aduenoit de tom-
ber vne fois en leur puissance. Elles ne chantoient
pas tousiours vne mesme
note , ains allechoient vn
chacun par les moyés qui
leur sembloient plus con-
formes à son inclination.
Cepédát la perte en estoit
si grande, que leurs Isles se
descouuroiét de fort loin

toutes blanchies des osse-
mens des corps priuez du
deuoir de la sepulture. A ce
mal vniuersel furent trou-
uez deux sortes de reme-
des, l'vn par Vlysse, & l'autre par Orphee. Les com-
pagnons d'Vlysse eurent
commandement de leur
Chef de se bié boucher les
oreilles de cire. Luy-mesme desirant d'en voir l'espreuue, & de s'exempter
du peril qui le menaçoit,
se fit attacher fort & ferme
au mast du nauire, faisant
aux siens des expresses inhibitions qu'ils n'eussent

à le deſtacher, quelques in-
ſtantes prieres qu'il leur en
fiſt. Pour le regard d'Orphee, ſans ſe reduire aux
fers & aux chaiſnes, il ſe
mit à chanter tout haut ſur
ſa lyre les loüanges des
Dieux: & ce fuſt le moyen
par lequel il ſe tira du danger, apres auoir euité les
chants des Syrenes.

Ceſte Feinte regarde les
façons de viure des hom-
mes, & ſemble contenir
en ſoy vne parabole non
moins euidente que belle.
Les Voluptez, qui par ma-
niere de dire procedět d'y-

ne trop grande abondan-
ce de chofes, & d'vn excez
de plaifir, fouloient autre-
fois cóme aiflees rauir les
hómes par leurs premiers
allechemens: mais la fcience a fait en forte de tenir
en arreft tant foit peu l'efprit humain, & de penfer
à ce qui luy peut aduenir;
fi bien que par ce moyen
elle a couppé les aifles aux
Voluptez, chofe qui eft
aduenuë au plus grád hon-
neur des Mufes. Car de-
puis que par l'exemple de
quelques vns l'on defcou-
urit que la Philofophie

pouuoit faire naiftre le
mefpris de la Volupté, on
la tint auffi toft pour vne
fcience affez forte, pour ef-
leuer l'ame au deffus de la
terre, où elle eftoit atta-
chée, & rendre comme ce-
leftes les penfees humai-
nes, dont la vigueur eft au
chef. La mere des Syrenes
demeura feule fans aifles,
& fuft contrainéte d'aller
à pied. Cefte-cy n'eft fans
doute autre chofe qu'vn
amas de fciences legeres,
& feulemét inuétees pour
la Volupté, qui neant-
moins femblent auoir efté
grande-

grandement estimees par
ce Petronius, lequel apres
auoir receu vn arrest de
mort, chercha les delices
au bord de sa fosse, de sorte (comme dict Tacite)
que se voulant seruir des
lettres à sa consolation, il
ne leut rien de conforme
à la constance, s'amusant
à proferer des vers pleins
de bagatelles , tels que
ceux-cy.

Passons , ma chere Lesbie
Heureusement nostre vie,
Et n'estimons vn festu
Le trop seuere langage,
Des Vieillards , dont la vertu
S'abbat sur le dernier aage.

Gg

Et ces autres.

Que le Vieillard au droict s'ap-
plique,
Et qu'vn esprit melancholique
Examine auec passion
Le vice, ou la perfection.

Tel sçauoir semble vou-
loir derechef oster la couronne aux Muses, & ren-
dre aux Syrenes leurs aiſles. Nous auons desia dict
que leur sejour estoit en
certaines Iſles, pour monstrer que les plaisirs cherchent ordinairement des
lieux retirez, & qu'ils s'eſ-
cartent de la compagnie
des hommes. Quant au
chãt artificiel des Syrenes,

& au dommage qui s'en
enfuit, c'eft vne chofe fi
cómune à tous, qu'elle n'a
pas befoin d'interprete.
Ce qu'on dit des offemés
des corps qu'elles deuo-
roient, qui fe defcouuroiét
deloing, comme des mon-
taignes bláchiffantes, c'eft
vne chofe qui tient plus
du fubtil, que du vray-fem-
blable; & toutesfois cela
nous appréd que les exem-
ples qui nousviennét d'autruy ne feruent de gueres
contre la corruption des
voluptez, quelques clairs
& manifeftes qu'ils foiét.

Il ne reste maintenant que le symbole des remedes, qui n'est ny secret ny destitué de Prudéce. Car trois choses nous sont proposees pour guarir vn mal si violent & si grand, dont il y en a deux qui viennét de la Philosophie, & le 3. de la Religion. Le 1. moyen d'euiter le danger est de luy resister au commécement, en fuyant soigneusement toutes les occasions qui peuuent tenter & induire l'esprit au mal. Dequoy nous est vne figure la Prudence qu'eurent les com-

pagnós d'Vlyſſe à ſe bou-
cher les aureilles de cire,
remede qui s'applique ne-
ceſſairement aux courages
mediocres & rampans, où
les eſprits plus releuez ont
moyen de ſe trouuer en
ſeureté, meſme au milieu
des voluptez, pourueu
qu'auparauant ils ſe ſoient
fortifiez de la conſtance
d'vne ferme reſolution. Ie
diray bien dauantage, c'eſt
qu'ils n'ont rien de plus
agreable, que de voir l'experience de leurs propres
vertus, & de deſcouurir la
brutalité des voluptez

G g iij.

iointe à vn excez de folie,
les contemplans pluſtoſt
pour les meſpriſer , que
pour en approuuer l'vſa-
ge. C'eſt ce que dit Salo-
mon, lorsque dans le de-
nóbrement des plaiſirs où
il s'eſt trouué plongé, il có-
clud par ceſte belle ſenten-
ce, *La Sapience ne m'a iamais
abandonné.* Auſſi eſt-il veritable que ces Heros peu-
uent quelquefois demeu-
rer comme immobiles au
milieu des plaiſirs, & ſe tenir debout dans leurs pre-
cipices , pourueu neant-
moins qu'à l'imitatió d'V-

lyſſe, ils defendét à ceux de
leur cóſeil de ne leur obeïr
en ce qui eſt nuiſible, & capable de leur corrompre
l'eſprit. Mais de tous les remedes ſuſdits , il n'en eſt
point de plus grande efficace que celuy d'Orphee,
lequel confondit , & ren-
dit ſans effect les voix des
Syrenes en chantant les
loüanges des Dieux. Par
où nous ſommes aduiſez
que les meditations des
choſes diuines ſurpaſſent
en douceur & en force
tous les plaiſirs & cha-
touïllemens de nos ſens.

FIN.

Extraict du Priuilege du Roy.

PAr grace & priuilege du Roy, il est permis à François Iulliot Imprimeur & Libraire en l'Vniuersité de Paris, d'imprimer ou faire imprimer, vendre & distribuer vn Liure intitulé, *La Sagesse Mysterieuse des Anciens, composé par Messire François Bacon grãd Chãcelier d'Angleterre, mis en nostre langue par I. Baudoin.* Faisant tres expresses inhibitions & defenses à tous Imprimeurs, Libraires, & autres de quelque estat & condition qu'ils soient, d'imprimer ou faire imprimer ledit Liure, le vẽdre & distribuer, cõtrefaire ny alterer, sans le consentement dudit Iulliot, durant le temps de six ans, sur peine aux cõtreuenans de cinq cens liures d'amende, applicable moitié aux pauures enfermez, & l'autre audit Suppliant, confiscation des exemplaires, despens, dommages & interests, comme il est contenu és lettres sur ce donnees le 10. Iour Iuillet. 619.

Signé,   GOISLARD.

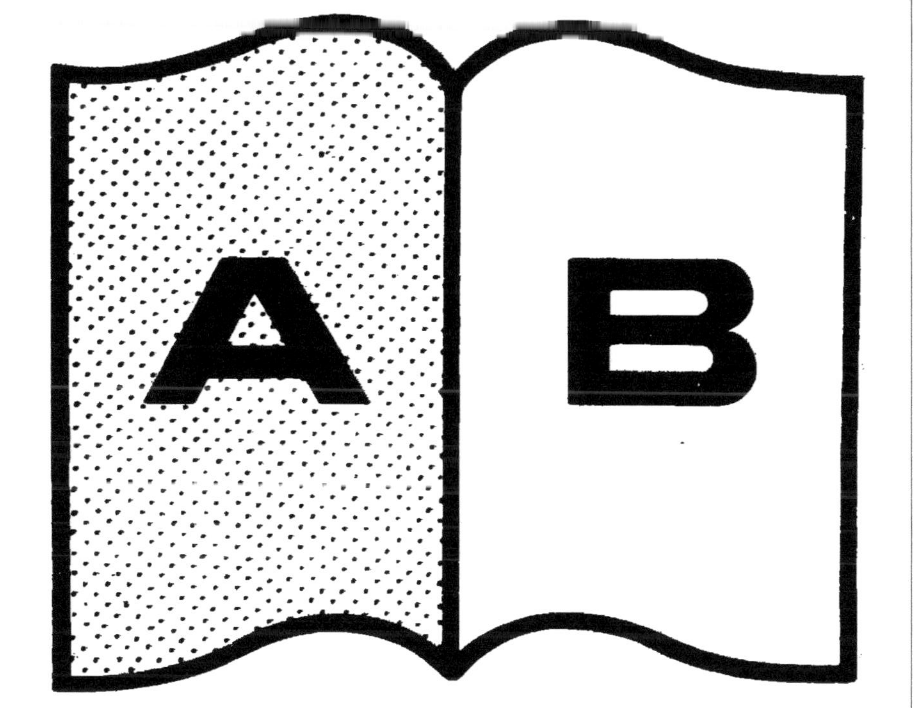

Contraste insuffisant

NF Z 43-120-14